中学・高校編 上巻

鎌塚 優子
(静岡大学教育学部 保健体育講座 准教授)
監修

目次 Contents

この本の構成……………… 4
DVD-ROM の構成 ………… 5
DVD-ROM の使い方 ……… 6

1 基本的な生活習慣……8
規則正しい生活リズム／睡眠の大切さ／夜更かしをしていると…／朝ごはんを食べよう／うんちは健康のバロメーター／今日のうんちはどうだった？／運動の効果／背を伸ばすためには？／生活習慣病とは／太り過ぎ・やせ過ぎに注意／いろいろな生活習慣病／肥満度判定曲線／健康ことわざ

2 健康診断……16
正しい測定の仕方／発育曲線／健康診断の検査項目（視力検査、眼科検診、耳鼻咽喉科検診、聴力検査、歯科検診、結核検査、内科検診、心電図検査、脊柱側わん症検診／尿検査／腎臓のしくみ／健康診断を受けるときの注意／学校医・学校薬剤師／結果のお知らせを受けたら

3 セルフケア……22
今日の調子はどうかな？／疲れをとるには／肩こりをほぐすストレッチ／自分の平熱を知っておきましょう／1日の体温の変化／血圧とは？／起立性調節障害（OD）／衣服による体温調節／姿勢と健康／思春期の貧血に注意

4 アルコールの害……28
酔いの程度／アルコールの吸収と分解／アルコールが体と精神へ与える害／アルコール過敏症／アルコール体質テスト／アルコールの1単位／急性アルコール中毒とは？／酔いつぶれた人の危険な徴候／アルコール依存症／アルコールの社会的な害／アルコールの胎児への影響／注意！アルコールが入っているよ／お酒の誘いは断ろう／なくそうアルコール・ハラスメント

5 タバコの害……34
タバコは発がん性物質の塊／すぐに現れる害／タバコを吸い続けると…／受動喫煙とは／肺のはたらきとしくみ／ニコチン依存症とは？／喫煙の赤ちゃんへの影響／タバコの誘いは断ろう／「軽い」タバコも害に差はない／タバコはかっこいい？

6 食中毒の予防……39
食中毒とは／食中毒の主な原因菌（細菌性、ウイルス性）／こんな食中毒にも注意／食中毒の意外な素顔／食中毒予防の3原則／食品を扱うとき・調理するときの注意／台所用品の除菌／お弁当の注意／ノロウイルスが含まれた汚物の処理

7 おしゃれ障害……44
子どもの肌は未熟／化粧品はかぶれることがあります／アイメイクのトラブル／ヘアカラー・パーマによるトラブル／ヘアカラー剤の成分／ヘアーエクステンション／タトゥー／人工日焼け／金属アレルギーとは／身の回りにある金属／爪のトラブル／正しい爪の切り方／爪でわかる健康状態／足のトラブル／合わない靴をはいていませんか／過剰なダイエット／カラーコンタクト

8 目のはたらきと病気……50

目のしくみ／見えるしくみ／目を守る眼球付属器／こんなときは目が疲れています／目の健康のためにできること／光感受性発作とは／近視・遠視・乱視の見え方の違い／斜視／めがね コンタクトレンズ／コンタクトレンズの正しい使い方／めがねの正しいかけ方／目薬のさし方／目の病気（角膜感染症、ウイルス性結膜炎、麦粒腫、ドライアイ）

9 さまざまなアレルギー……56

アレルギー性鼻炎・結膜炎／アレルギーの原因物質／花粉症／気管支ぜんそく／アトピー性皮膚炎／食物アレルギーとは（主な原因食品、症状、初期対応）／アナフィラキシーショックとは／食べ物以外でアナフィラキシーの原因になりえるもの／アナフィラキシーショックの対応／エピペン®の使い方

10 歯と口の健康……60

歯の断面図／歯の数と種類／むし歯・歯周病の原因となる歯垢／むし歯の進行／歯周病／むし歯はどうしてできる？／CO とは GO とは／むし歯・歯周病を予防するには／歯垢のたまりやすいところと磨き方／歯肉をチェックしてみよう／口の病気（歯ぎしり、顎関節症、口臭、歯並び、味覚障害、口内炎）／そしゃくの効果／唾液のはたらき／全身に関わる歯の役割／8020運動／おいしくかむことができる歯の数

11 食と健康……68

5大栄養素について知ろう／食生活をめぐる問題点／バランスのよい食事とは／ペットボトル症候群とは／食べ物の消化・吸収／消化管のはたらき

12 性の健康……72

思春期の体の変化／女性の内生殖器 男性の内生殖器／月経のしくみ／生理用品の使い方／月経に伴う体温とホルモンの変化／月経痛・月経前症候群（PMS）／体を温めよう／性への関心・欲求の男女差・個人差／自分も相手も大切に／性情報リテラシーと性行動の選択／いろいろな性／受精のしくみ／妊娠中の胎児と母体の変化／知っておきたい避妊法／人工妊娠中絶／性感染症（STD）／「自分は大丈夫」は間違い／性感染症の予防／HIV・エイズ（AIDS）／HIV の感染経路／こんなことでは感染しません

13 10代のメンタルヘルス……83

ストレスとは？／心と体はつながっている／心と関係の深い病気・心の病気（過敏性腸症候群、過換気症候群、統合失調症、社交不安症、摂食障害、うつ病）／誰かに相談してみよう／思春期の心の特徴／落ち込んでも立ち直る力／心の「めがね」を変えてみる（リフレーミング）／リフレーミング辞書／リフレーミングカード／ストレスへの対処法／リラックス リフレッシュ／10秒呼吸法／肩のリラクセーション／さわやかに気持ちを伝えてみよう

14 保健室の利用……91

こんなときに来てください／学校では飲み薬は出しません／保健室を利用するときは／いまの気持ちはどんなかな？

索引……………………94
参考文献………………95

この本の構成

「保健イラストブック」は、生徒が健康について考える手助けとなるような資料を収めました。保健の授業や指導において、保健だよりなどにご活用ください。

それ以外の特長としては、
○ DVD‒ROM には、モノクロだけではなくカラーのイラストもイラスト単体で収録していますので、掲示や指導などで活用できます。
○ のマークが入っているものは、文例のテキストデータを DVD‒ROM に収録していますので、文章をアレンジして使用することもできます。
○本書の子どもたちのイラストには、一部外国人の子どもや障害を持つ子どもも描かれています。

DVD-ROMの構成

巻末の DVD-ROM には、本書掲載の文例、イラスト（モノクロ及びカラー）を収録しています。パソコンで保健だよりや授業資料などを作成する際にご活用ください。
　DVD-ROM のフォルダ構成は、右記の通りです。

フォルダ構成
├ data
├ html
├ index.html
└ read_me.pdf
※read_meには本書の4〜7ページの内容がそのまま掲載されています。

ご使用にあたっての注意
以下の内容を了解した上で、DVD-ROM が入った袋を開封してください。

■著作権に関しまして
・本書付属の DVD-ROM に収録されているすべてのデータの著作権は株式会社少年写真新聞社に帰属します。
・学校内の使用、児童生徒・保護者向けの配布物に使用する目的であれば自由にお使いいただけます。
・商業誌等やインターネット上での使用はできません。
・データをコピーして配布すること、ネットワーク上にダウンロード可能な状態で置くことはできません。

■ご使用上の注意
・このDVD-ROMはパソコン専用です。DVDビデオプレーヤー、ゲーム機などでは使用できません。
・DVD-ROM内のデータによって引き起こされた問題や損失に対しては、弊社はいかなる保証もいたしません。本製品の製造上での欠陥に関しましてはお取り替えいたしますが、それ以外の要求には応じられません。

■動作環境
・Windows 7 以降、またはMac OS X 10.6以降。
・パソコンで使用するDVD-ROMドライブ必須。
・ウェブブラウザーがインストールされていること。
　Mac OS X は、米国やその他の国で登録されたApple incの登録商標または商標です。
　Windows 7 は、Microsoft Corporationの米国その他の国における登録商標または商標です。

DVD-ROMの使い方

① DVD-ROMドライブにDVD-ROMを入れます。
② DVD-ROM内に以下のようなフォルダ・ファイルがあります。
③ ファイルの中のindex（.html）をダブルクリックするとウェブブラウザーが起動して、メニュー画面が表示されます。

④ メニュー画面に書かれている数字は、本書のページに対応しています。目的のページをクリックしてください。
⑤ ページ内で使用している文章やイラストの枠付きのデータが表示されます。
　※イラスト単体（モノクロ及びカラー）、テキストは枠付きのデータの下にあります。

⑥ ⑤から使用したいものを選んでクリックすると、画像が大きく表示されます。

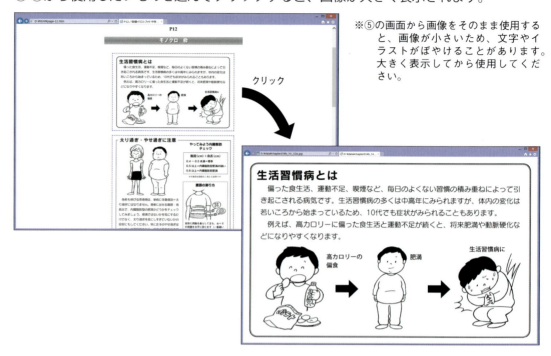

※⑤の画面から画像をそのまま使用すると、画像が小さいため、文字やイラストがぼやけることがあります。大きく表示してから使用してください。

大きく表示された画像を、ワープロ文書などに貼り付けてお使いください。

◎イラストのみを使用したい場合

　枠付きのデータの一覧の下にモノクロのイラスト一覧がありますので、使用したいイラストをクリックして、画像を大きくして、ワープロ文書などに貼り付けてお使いください。

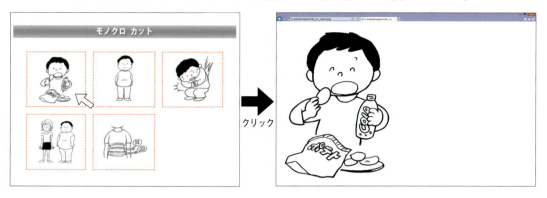

◎カラーのイラストを使用したい場合

　モノクロのイラストの一覧の下にカラーのイラスト一覧がありますので、使用したいイラストをクリックして、画像を大きくして、ワープロ文書などに貼り付けてお使いください。

◎文章を変えたい場合

　本書で▢のマークがついている文章につきましては、文章のテキストデータが入っています。

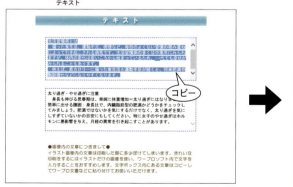

カラーのイラストの下にテキストデータがありますので、それをコピーしてください。

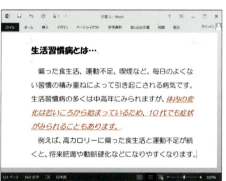

ワープロ文書などに貼り付けて、文字の大きさや内容を変えることができます。

1 基本的な生活習慣

規則正しい生活リズム

朝決まった時間にごはんを食べる
夜にはぐっすりと眠る
昼間に活動する

　朝起きてご飯を食べ、昼に活動し、夜は十分に眠るというリズムのある生活を送ることが、人が心も体も元気でいるために必要です。私たちの体の中には、こうした体内リズムがあり、朝の太陽の光を浴びて目覚めることで、1日を元気に始めることができます。

朝日を浴びよう

睡眠の大切さ

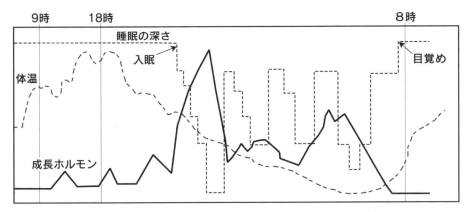

　睡眠は疲労の回復のため、特に脳に欠かせない大切なものです。また、1日の体温の変動やホルモン分泌にも深く関わっています。眠ってから1時間くらいたったころが一番眠りが深くなり、体の成長を促す成長ホルモンが多く分泌されます。

脳と体を休める睡眠

夜更かしをしていると…

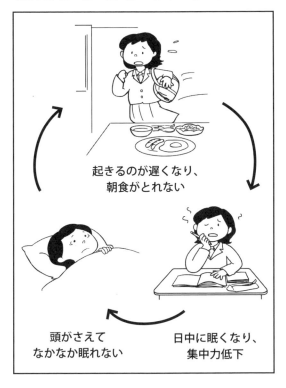

　夜更かしが続くと、体内のリズムが崩れ、いつも体調がすぐれない状態になります。すると、体を動かすことがおっくうになる、イライラするなど、心の状態にも悪影響を与えます。寝る前はゲームやメールの画面などの神経を興奮させるものを見ないようにしましょう。

寝る前はゲーム、ネットをやらない

朝ごはんを食べよう

朝ごはんは体温を上昇させ、1日を活動的に過ごすために必要な脳のエネルギーを補います。また、胃腸を刺激して排便を促します。ゆとりを持って起床し、ゆっくり朝ごはんを食べる規則正しい生活を送れるようにしましょう。

朝ごはんを食べる　　　　　　やる気と集中力が高まる

うんちは健康のバロメーター

すっきりうんちが出ると気分がいい　　すっきりうんちが出ないときは生活を見直してみよう

うんちは体の状態を知らせてくれる大切なものです。理想的なうんちは無理にいきまなくても、ストーンと出てすっきり感があります。便秘や下痢などがある場合は、食事や生活習慣を見直してみましょう。

今日のうんちはどうだった？

ビシャビシャうんち	ヒョロヒョロうんち	バナナうんち	コロコロうんち

水分がうまく吸収できていないようです。体調が悪いのではありませんか？	うんちを出す力が弱まっているようです。運動不足ではありませんか？	腸内環境は良好です。体調もばっちりですね。	うんちの水分が不足しています。毎日うんちが出ていないのではありませんか？

1 基本的な生活習慣

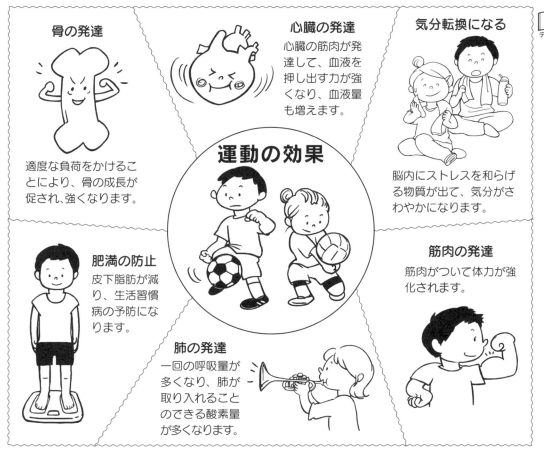

運動の効果

骨の発達
適度な負荷をかけることにより、骨の成長が促され、強くなります。

心臓の発達
心臓の筋肉が発達して、血液を押し出す力が強くなり、血液量も増えます。

気分転換になる
脳内にストレスを和らげる物質が出て、気分がさわやかになります。

肥満の防止
皮下脂肪が減り、生活習慣病の予防になります。

肺の発達
一回の呼吸量が多くなり、肺が取り入れることのできる酸素量が多くなります。

筋肉の発達
筋肉がついて体力が強化されます。

背を伸ばすためには？

骨の中では骨芽細胞と破骨細胞という2つの細胞が、常に新陳代謝を繰り返しています。骨芽細胞は、食事でとったカルシウムやビタミンなどをもとに新しい骨を作り、破骨細胞は古い骨を壊し、生命維持に欠かせないカルシウムを血液中に送り出しています。運動によって負荷を加えることで、細胞の働きは活発になるのです。

生活習慣病とは

偏った食生活、運動不足、喫煙など、毎日のよくない習慣の積み重ねによって引き起こされる病気です。生活習慣病の多くは中高年にみられますが、体内の変化は若いころから始まっているため、10代でも症状がみられることもあります。

例えば、高カロリーに偏った食生活と運動不足が続くと、将来肥満や動脈硬化などになりやすくなります。

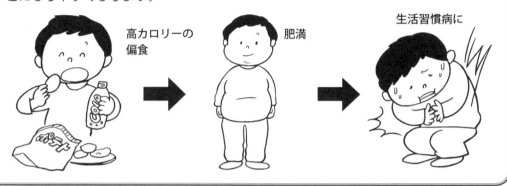

太り過ぎ・やせ過ぎに注意

身長も伸びる思春期は、単純に体重増加＝太り過ぎにはなりません。簡単に出せる腹囲：身長比で、内臓脂肪型の肥満かどうかをチェックしてみましょう。肥満ではないかを気にするだけでなく、太り過ぎを気にしすぎていないかの目安にもしてください。特に女子のやせ過ぎはホルモンに悪影響を与え、月経の異常を引き起こすことがあります。

やってみよう内臓脂肪チェック

腹囲(cm)÷身長(cm)

0.4～0.5未満＝標準

0.5以上＝内臓脂肪型肥満の疑い

0.6以上＝内臓脂肪型肥満

※年齢男女関係なく使える基準です

腹囲の測り方

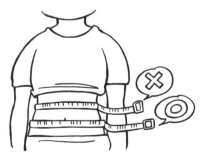

自然に両腕を垂らして立ち、おへその周囲を水平に測ります（一番細いところではありません）。

いろいろな生活習慣病

生活習慣と関わりが深い病気には、歯周病、糖尿病、がん、心臓病、脳卒中などがあります。がん、心臓病、脳卒中は現在、日本人の3大死亡原因です。これらの病気には特効薬はなく、健康な生活習慣を積み重ねることで予防できます。

むし歯、歯周病も生活習慣病

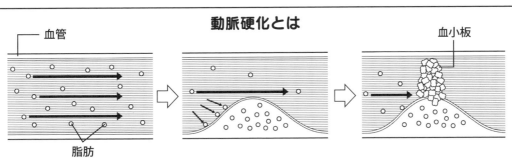

動脈硬化とは

血管が硬く、もろくなった状態のことです。血管が硬くなると壁の内側にコレステロールなどの脂肪がたまり、壁が厚くなっていきます。もろくなった血管壁に傷がつくと血小板が集まって血管に詰まり、血液の流れがさまたげられるため、その先の細胞が死んでしまいます。

脳卒中

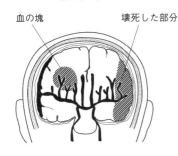

脳の血管が破れて血液の塊が脳を圧迫したり、脳の血管が詰まり、血液の流れが途絶えたりするために、その先の脳の組織が壊死してしまう。

心臓病

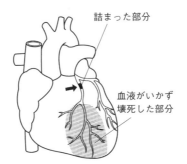

心臓の筋肉（心筋）に血液を供給する血管が狭くなって心筋が血液不足になったり、血管が詰まって心筋が壊死してしまったりする。

がん

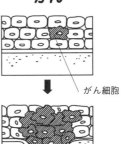

正常な細胞が遺伝子に傷がつくことによって異常ながん細胞に変化して増殖する。組織や臓器の中で塊になると（腫瘍）、体中に広がりやすくなる。

肥満度判定曲線

肥満ややせを早期に発見し、その背景にある生活習慣のゆがみを正していきましょう。

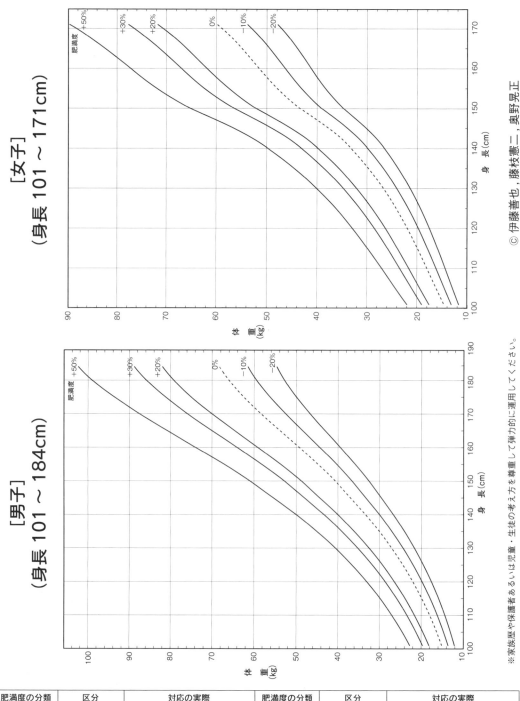

[女子]（身長 101〜171cm）

[男子]（身長 101〜184cm）

©伊藤善也、藤枝憲二、奥野晃正

※家族歴や保護者あるいは児童・生徒の考え方を尊重して弾力的に運用してください。

肥満度の分類	区分	対応の実際	肥満度の分類	区分	対応の実際
＋50％以上	高度肥満（太り過ぎ）	医学的評価と積極的な指導が必要	－10％超＋20％未満	標準（ふつう）	
＋30％以上＋50％未満	中等度肥満（やや太り過ぎ）	指導が必要	－20％超－10％以下	やせ	要注意として評価と経過観察が必要
＋20％以上＋30％未満	軽度肥満（太り気味）	要注意として指導・経過観察が必要	－20％以下	高度やせ（やせ過ぎ）	医学的評価と積極的な関わりが必要

健康ことわざ

笑いは最良の薬

Laughter is the best medicine. （英語）

Al mal tiempo, buena cara. （スペイン語）

（意味）笑うことは心身によい影響を与える。

早寝早起き病知らず

Early to bed and early to rise, makes a man healthy, wealthy and wise. （英語）

早睡早起身体好． （中国語）

（意味）早寝早起きは健康のもと。

腹八分目に医者いらず

Light supper makes long life. （英語）
Mais mata a gula que a espada. （ポルトガル語）

（意味）食べ過ぎないでいれば、健康が保たれる。

健康は富にまさる

It is health that is real wealth and not pieces of gold and silver. （英語）

（意味）巨万の富を築いても健康でなければ意味がない。ガンジーの言葉。

朝寝坊の宵っ張り

Loath to bed and loath out of it. （英語）

（意味）朝寝坊する人は、夜遅くまで起きていることが多い。または夜遅くまで起きているから朝早くに起きられない。

寝る子は育つ

Sleep brings up a child well. （英語）

（意味）よく寝る子は健康で元気に成長する。

命あっての物種

While there is life, there is hope. （英語）

Enquanto há vida, há esperança （ポルトガル語）

（意味）生きている限り希望がある。

良薬は口に苦し

良药苦口利于病． （中国語）

좋은 약은 입에 쓰다 （韓国語）

（意味）自分のためになる忠告は聞くのが不快なもの。

2 健康診断

正しい測定の仕方

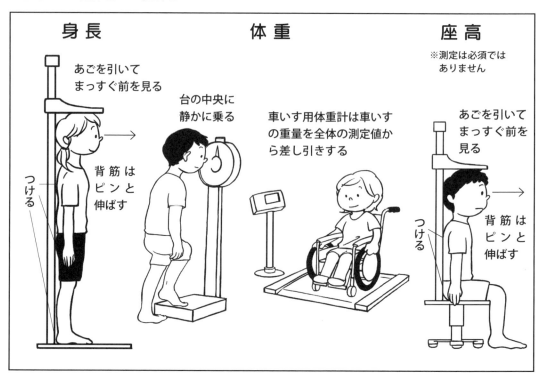

発育曲線

測定時点での年月齢を何歳何か月まで計算し、発育曲線を作成します。図中の7本の曲線が発育曲線基準線で、基準線と基準線の間をチャンネルといいます。発育曲線がチャンネルを横切って上向きあるいは下向きになった場合、異常と判断します。

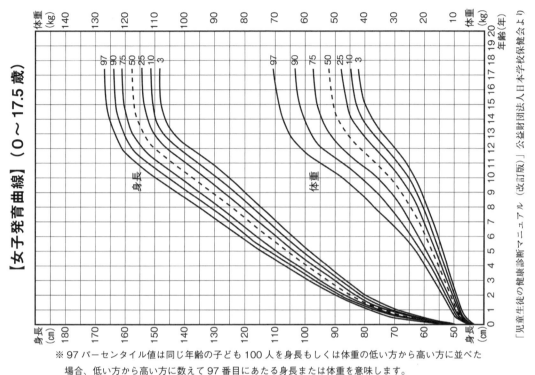

※97パーセンタイル値は同じ年齢の子ども100人を身長もしくは体重の低い方から高い方に並べた場合、低い方から高い方に数えて97番目にあたる身長または体重を意味します。

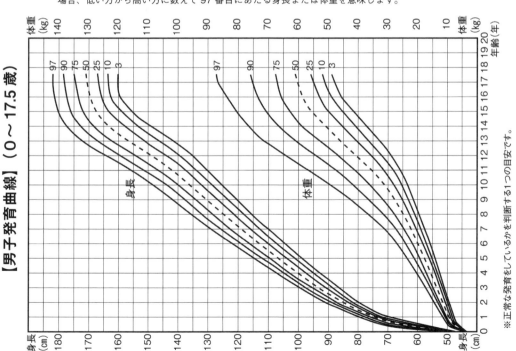

※正常な発育をしているかを判断する1つの目安です。

健康診断の検査項目

視力検査

視力表を使って、見え方に支障がないかをチェックします。

眼科検診

目に治療の必要な病気や異常がないかを診ます。

耳鼻咽喉科検診　耳、鼻、のどに治療が必要な病気や異常がないかを診ます。

〈耳〉耳鏡を使って、耳の中を調べます。

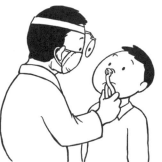

〈鼻〉鼻鏡を使って、鼻の中を調べます。

〈のど〉舌圧子で舌を押し下げ、のどの様子を調べます。

聴力検査

オージオメータという機器を使って、耳の聞こえをチェックします。

歯科検診

むし歯や歯周病になっていないか、かみ合わせや歯並びに問題はないかを調べます。

2 健康診断

結核検査

問診票にもれなく記入してください。記入漏れや感染の疑いがあるときは、二次検査になります。

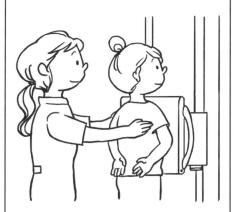

高校1年生は胸部X線撮影をします。

内科検診

心肺の働き、皮膚や背骨、胸郭の状態、栄養が十分にとれているかなどを調べます。

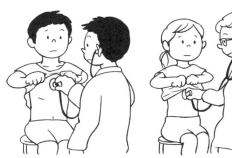

心電図検査

心臓が動くときに出る弱い電流を記録する「心電図」を見て、心臓の働きに異常がないかを調べます。

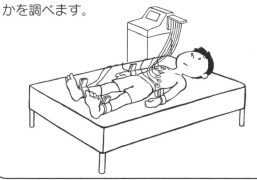

脊柱側わん症検診

脊柱側わん症とは、成長期に背骨がねじれて曲がってしまう病気です。早い段階で発見し、適切な時期に治療することが大切です。

【正常】

【側わん症】

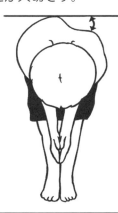

左右の肩の高さや突き出し方などに差があったりして、側わん症が疑われる場合は専門の医師に相談してみましょう。

尿検査　尿の中にたんぱくや糖、血液が混じっていないかを調べます。

尿のとり方　正しくとらないと異常が出てしまうことがあります

前日
- ビタミン剤、ビタミンCを多く含むジュース・薬などはなるべく飲まない
- 夕食後に激しい運動はしない
- 寝る前に必ずトイレに行っておく

当日
- 目が覚めたらすぐに尿をとる
- 出始めの尿を少し流してからとる
- 提出容器に移してしっかりふたをし、手を洗う

腎臓のしくみ

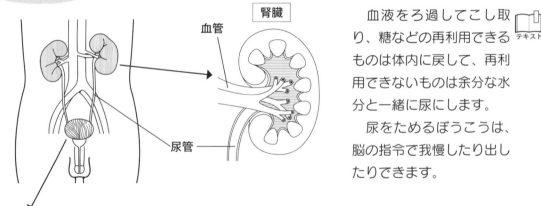

血液をろ過してこし取り、糖などの再利用できるものは体内に戻して、再利用できないものは余分な水分と一緒に尿にします。

尿をためるぼうこうは、脳の指令で我慢したり出したりできます。

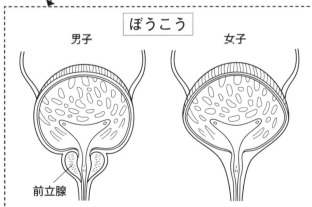

男女の泌尿器の違い

ぼうこうの大きさに男女の差はありませんが、男性のぼうこうは直腸のそばに、女性のぼうこうは子宮のそばにあります。女性の場合、子宮が圧迫してぼうこうの収まるスペースが狭いので、男性より尿意を感じやすいといわれています。

健康診断を受けるときの注意

よく歯磨きをしておく

耳垢(あか)をとっておく

体を清潔にしておく

じゃまにならない髪型で

めがね、コンタクトレンズを忘れずに

静かにする

学校医・学校薬剤師

内科

歯科

眼科

耳鼻咽喉科

薬剤師

精神科

結果のお知らせを受けたら

　学校の健康診断は、病気の疑いのある人を探し出すものです。「再検査」や「要精密検査」の結果が出ても病気とは限りませんが、指示に従って検査を受けてください。そして検査結果は、必ず保健室に知らせてください。

3 セルフケア

今日の調子はどうかな？

毎日、自分でチェックしよう

1. 朝、すっきり目が覚めた ☐
2. 朝ごはんをおいしく食べられた ☐
3. 下痢をしていない ☐
4. 便秘をしていない ☐
5. 熱はない ☐
6. 痛いところや腫れているところはない ☐
7. 体で動かしにくいところはない ☐
8. ひどくかゆいところはない ☐
9. 気持ち悪い感じはしない ☐
10. 特に悩み事はない ☐

・不調がある人は無理せず休んだり保健室に相談したりしてください
・生活リズムが乱れている人は、どうすればよくなるかを考えてみましょう

疲れをとるには

ぐっすり眠る

ゆっくり入浴

軽く体を動かす

気分転換

栄養バランスのとれた食事

「疲れ」は体が発する「休みが必要」というサインです。疲れを感じたら、しっかり休みをとって疲労を回復させることが大切です。

肩こりをほぐすストレッチ　無理に力を加えずに、ゆっくり行いましょう。

ひじを持ってゆっくり矢印の方向に伸ばします。もう一方の腕も同じように。

背中側で手の指を組んで伸ばします。

首を曲げたり、回したりします。

両手の指を組んで伸びをします。

自分の平熱を知っておきましょう
★体温計の使い方

乾いた布で脇の下を拭きます。

脇の下のくぼみに体温計を当てます。

体温計を挟んだ腕を、反対の手で軽く押さえて計ります。

1日の体温の変化

　人の体温は、常に一定ではありません。1日の中でも朝昼夜と変動し、一般的に早朝に最も低く、夕方に最高となるリズムを繰り返します。

　しかし、遅寝・遅起きの夜型生活をしている人は、体温のリズムが後ろにずれてしまうので、朝食欲がわかなかったり、昼間に眠くなったりします。そして、逆に夜に体温が高く、なかなか寝つけないという悪循環になってしまいます。

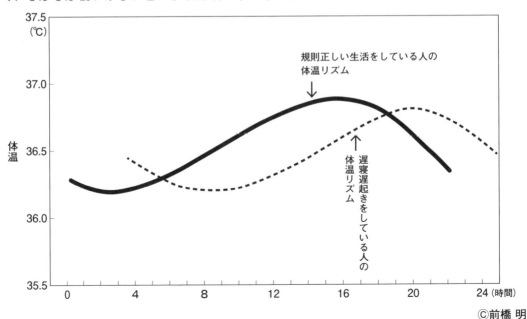

©前橋 明

血圧とは？

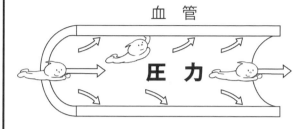

血液が流れるとき、血管の壁にかかる圧力を血圧といいます。心臓が「どきん」と一拍したときに、押し出された血液が壁を押す力を「最高血圧（収縮期血圧）」といいます。心臓に血液が戻るときの血圧を「最低血圧（拡張期血圧）」といいます。

血圧計では最高血圧と最低血圧を測定して、全身の循環器系の機能を調べます。

起立性調節障害（OD）

症状
- 朝起きられない
- 立ちくらみ、めまい
- 全身倦怠感(けんたいかん)
- 頭痛
- 食欲不振　など

左のような症状が特に午前中に強く、午後からは楽になる傾向があれば、起立性調節障害（OD＝Orthostatic Dysregulation）の疑いがあります。これらの症状は、起立時に全身をめぐる血液の調節をする自律神経の働きが鈍いために起こります。

症状があるときは、いきなり立ち上がらず、ゆっくりと体を起こすようにしましょう。

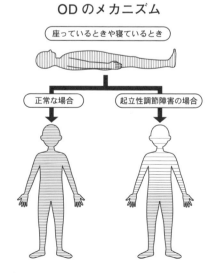

ODのメカニズム

頭を下げたまま、ゆっくり立ち上がる

衣服による体温調節

寒いとき

襟元や袖口を締め、冷たい空気が入らないようにし、効果的に重ね着をするとあたたかく過ごせます。

暑いとき

服と体の間に空気が通るような形の服だと、涼しく過ごせます。下着を着ると外気の急な変化から体を守ってくれます。

冬に注意したいこと

ミニスカートでは、体が冷えてしまいますよ。

重ね着で空気の層を作ると、あたたかく過ごせます。

夏に注意したいこと
汗や皮脂を吸収してくれる下着を1枚シャツの下に着るようにしましょう。

冷房の使い過ぎは冷えやだるさなどの不調を引き起こすので注意が必要です。

姿勢と健康

○よい姿勢

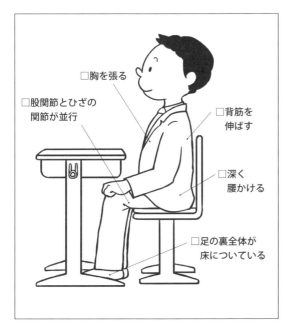

- 胸を張る
- 股関節とひざの関節が並行
- 背筋を伸ばす
- 深く腰かける
- 足の裏全体が床についている

×悪い姿勢

悪い姿勢でいすに座っていると、背骨に負担がかかって腰を痛めたり、首や肩の周りの筋肉のこりや痛み、視力低下の原因になります。疲れにくく、集中力の高まるよい姿勢でいすに座るようにしましょう。

思春期の貧血に注意

息切れ　　疲れやすい　　顔色が悪い

鉄が不足すると、体内に酸素を運ぶ赤血球の成分であるヘモグロビンが減少し、酸素不足になって鉄欠乏性貧血を起こします。すると疲れやすくなったり、めまいや頭痛を起こしたりします。

思春期は体の成長に伴い、血液量が多くなるため、たくさんの鉄が必要です。特に女子は月経で毎月、血液を失うので、無理なダイエットなどで栄養不足になることがないようにしましょう。

鉄の多い食品を

4 アルコールの害

酔いの程度

	1 ほろ酔い	2 強い酔い		3 酔いつぶれ		4 昏睡→死
	大脳新皮質がまひする	大脳辺縁系にまひが及ぶ		小脳にまでまひが及ぶ		脳幹部までまひが及ぶ
脳の状態	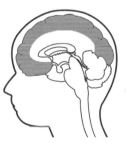	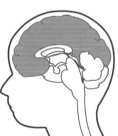		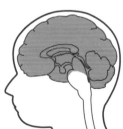		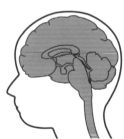
血中アルコール濃度と見た目の状態	0.02～0.04%	0.05～0.10%	0.11～0.15%	0.16～0.30%	0.31～0.40%	0.41～0.50%
	いい気分になる。判断力が少し鈍る。	体温が上がり、脈が速くなる。理性が薄れる。	気が大きくなる。足がふらつく。	まっすぐに歩けない。吐き気がする。	立てなくなる。意味不明のことを言う。	意識がなくなる。大小便をもらす。死に至ることも。

アルコールの吸収と分解

口から入ったアルコールは約20％が胃で、残りが小腸で吸収されます。主に肝臓で分解が行われ、最終的に水と炭酸ガスに分解されますが、処理能力を超えた分は血液に乗ってまた全身をめぐります。分解の際にできるアセトアルデヒドという成分は頭痛や吐き気、二日酔いの原因になります。

アルコールは水分があるところにどこへでも広がり、脳に達するとその働きをまひさせます。これが「酔う」ということです。

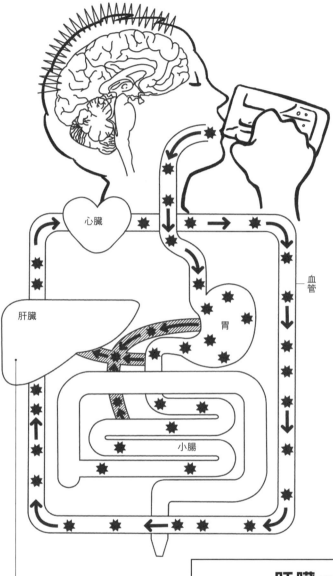

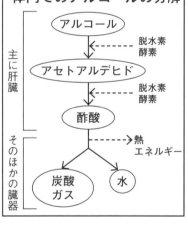

体内でのアルコールの分解

主に肝臓：アルコール →（脱水素酵素）→ アセトアルデヒド →（脱水素酵素）→ 酢酸
そのほかの臓器：酢酸 → 熱エネルギー、炭酸ガス、水

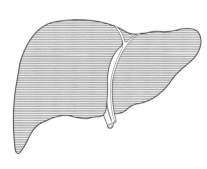

肝臓ってどんな臓器？

肝臓は人体で最も大きな臓器で、消化管で吸収された栄養素を含んだ血液が流れ込み、代謝と解毒を行っています。

アルコールが体と精神へ与える害

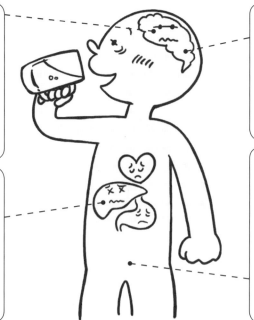

脳細胞を壊す
脳の機能低下を起こして手足にふるえが出たり、学習能力や集中力、記憶力に支障を来したりします。

内臓を傷める
成長期の肝臓はアルコール分解能力が低いので、短期間で肝炎、脂肪肝などの内臓障害を起こします。

依存症
未成年で飲み始めると、短期間でアルコール依存症になりやすい傾向にあります。

性ホルモンへの影響
未成年は、二次性徴が遅れる危険があります。男性はインポテンツ、女性は月経不順になることがあります。

　未成年（満20歳未満）は、心身ともに発育段階にあり、アルコールの分解能力も未熟なため、「未成年者飲酒禁止法」で、飲酒が禁じられています。

アルコール過敏症

　予防接種のとき、消毒のためにアルコールで皮膚を拭きます。このとき、赤くなってかぶれる人はアルコール過敏症です。過敏症の人がアルコールを飲むのはとても危険です。

アルコール体質テスト

　消毒用エタノールが染み込んだばんそうこうを上腕の内側に貼り付け、皮膚の色の変化があるかを見ます。少しでも赤くなった人はアセトアルデヒドを分解して無害にする酵素の働きが悪いので、飲酒すると気分が悪くなったり、頭痛や動悸がしたりします。

アルコールの1単位

アルコールの「1単位」とは、20g前後の純アルコールを含む酒類の量です。

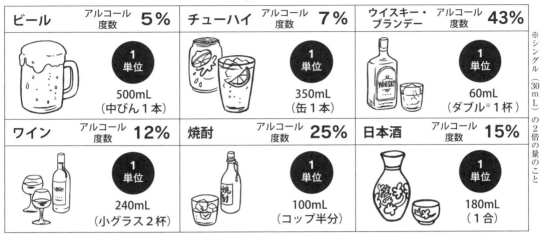

※シングル（30mL）の2倍の量のこと

成人してお酒を飲む機会があるときには、自分がどれだけ飲んでいるのか、単位で把握できるようにします。個人差があり、同じ人でも体調に左右されますが、1日1単位くらいまでが適量とされています。1単位未満でも気分が悪くなったら、すぐに飲むのをやめるべきです。また、アルコールの影響を受けやすい女性、すぐ顔が赤くなる人は少なめにした方がよいでしょう。

急性アルコール中毒とは？

短時間に大量のアルコールを飲むと、血液中のアルコール濃度が急に上がり、急性アルコール中毒になります。アルコールには解毒剤がないので、分解されて血液中からなくなるまで待つしかありません。その間に呼吸などをつかさどる脳の部分がまひすると、最悪の場合、昏睡状態になります。

吐いた物で窒息することもあります

酔いつぶれた人の危険な徴候

危ないと感じたら救急車を呼んで！

つねってもゆすって呼びかけても反応がない

呼吸が速くて苦しそう

アルコール依存症

　お酒を飲みたい気持ちをコントロールできなくなる病気をアルコール依存症といいます。依存症になると毎日飲まずにいられなくなり、性格も変わり、仕事もうまくいかなくなってしまいます。体内のアルコール濃度が下がると、体のふるえや発汗などの離脱症状が起こることもあります。専門の医療機関で治療をしますが、お酒を断つ苦しみはずっと続きます。

ほとんど毎日飲む　　　　離脱症状　　　　寝酒は依存症の一因

アルコールの社会的な害

　健康を害するだけではなく、酩酊した上での暴力的な行為や、セクハラ、自動車運転なども問題になっています。

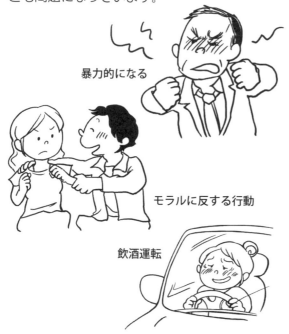

暴力的になる

モラルに反する行動

飲酒運転

アルコールの胎児への影響

　妊娠中の女性がお酒を飲むと、おなかの赤ちゃんも酔っぱらいます。脳や眼球の形成に問題が出ることもあります。母乳のもとは血液なので、授乳時にお酒を飲むと、母乳にアルコールが出てしまいます。

注意！アルコールが入っているよ

ジュースのように見えるお酒　　ケーキ、チョコレートなどの洋菓子　　栄養ドリンク

お酒の誘いは断ろう

お酒に誘われてしまったときのために、断る口実を考えておきましょう。自分の体を守るためには、多少の演技も必要です。

例）「未成年は飲めないので、ジュースで乾杯します」
　　「体調が悪いので」
　　「治療中で薬を飲んでいるので」
　　「体質上、まったく飲めないんです」

なくそうアルコール・ハラスメント

未成年や嫌がっている人に無理に飲ませる、イッキ飲みをさせる、断れない雰囲気をつくることは、アルコール・ハラスメントです。飲めない人への配慮を忘れず、決して限界まで飲んだり、飲ませたりしてはいけません。

5 タバコの害

タバコは発がん性物質の塊

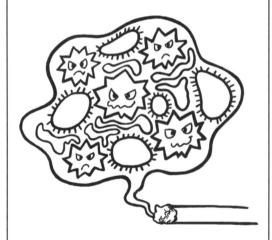

タバコには250種類以上もの有害物質が含まれ、そのうち50種類以上は発がん性物質です。特にニコチン、タール、一酸化炭素の3つが3大有害物質として知られています。

すぐに現れる害

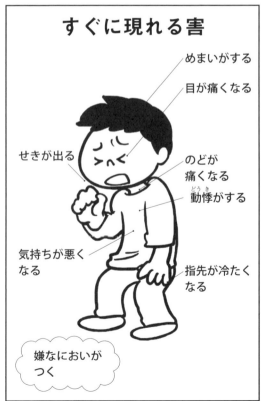

- めまいがする
- 目が痛くなる
- せきが出る
- のどが痛くなる
- 動悸がする
- 気持ちが悪くなる
- 指先が冷たくなる
- 嫌なにおいがつく

タバコを吸い続けると…

喫煙者顔貌
(smokers face)

歯の着色、口臭

がんになる

肺の病気
（COPD）になる

身長の伸びが
阻害される

不眠になる

胃の病気になる

性機能の低下、
不妊

心臓の病気になる

運動能力が低下

脳の血管が詰まる

受動喫煙とは

自分がタバコを吸わなくても、人が吸っているタバコの先から立ち上る副流煙や、吐き出した煙を吸い込んでしまうことを受動喫煙といいます。実は喫煙者の吸い込む主流煙より、副流煙の方により多く有害物質が含まれているといわれています。

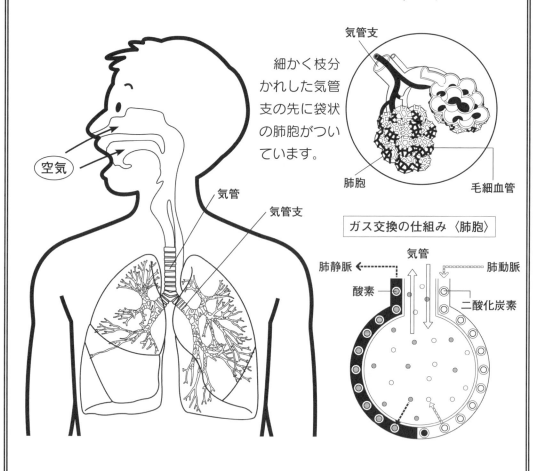

　人間が生命を維持するためには、酸素は必要不可欠です。そのため、呼吸をすることにより酸素を体内に取り入れ、体内の二酸化炭素を外に出すということを常に行っています。

　空気は、鼻や口から入ってのどを通って気管に入り、その先の肺胞に届きます。空気中の酸素は、肺胞の膜を通して血管に入り、血流に乗って心臓に運ばれます。心臓から全身をめぐってきた血液中の二酸化炭素は、血管から肺胞に入り、吐く息に含まれ、体外に出されます。

　タバコによって引き起こされるCOPD（慢性閉塞性肺疾患）という病気は、空気の通り道である気管や酸素の交換を行う肺胞などが障害されて起こります。COPDになると軽い段階でも慢性的にせきやたんが出るようになってしまいます。

ニコチン依存症とは？

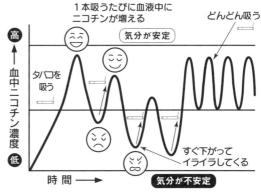

ニコチンパッチ

喫煙すると脳に数秒でニコチンが届き、覚醒や鎮静作用をもたらしますが、ニコチン濃度が低くなるとイライラしてまた吸いたくなり、やがてニコチンなしではいられなくなります。依存症を意志だけで断ち切るのは難しく、ニコチンパッチやカウンセリングを活用しながら心と体を治療することが必要になります。

喫煙の赤ちゃんへの影響

【母体への危険】
非喫煙者を1としたときの危険度

発生しうる問題	喫煙19本以下	喫煙20本以上
胎盤早期剥離	1.6倍	1.8倍
前置胎盤	1.3倍	2.0倍
前期破水	1.3倍	1.5倍
周産期死亡	1.2倍	1.4倍

Meyer,1977;厚生省,1988

【出生児への危険】
非喫煙者を1としたときの危険度

発生しうる問題	発生の危険度
水頭症	1.2倍
小頭症	1.5倍
口蓋裂	1.4倍
鎖肛	1.2倍
さい帯ヘルニア	1.4倍
腎発育不全	1.1倍
指の異常	1.3倍
わん曲足	1.6倍
先天性横隔膜ヘルニア	1.1倍

Honein,2001

こんな危険も

誤飲

火事の危険

タバコの誘いは断ろう

身近な人にタバコに誘われてしまったときのために、断る口実を考えておきましょう。

例）「肌が荒れるから」「歯が汚くなるから」「部活ですぐばてるようになるから」
　　「親戚が肺がんになってすごい苦しそうだから」「あ、用事があるから行くね」
　　「健康に悪いから」「いいことが何もなくて悪いことばかりだから」

「軽い」タバコも害に差はない

「低タール」「ライト」など健康被害が軽いかのように思わせる表現の商品がありますが、実はこれはフィルターに穴があり、空気が入って煙が薄まることによってニコチンの測定値が低くなるというトリックです。実際吸うときには穴を指や口でふさいでしまうので薄まりません。

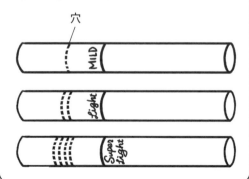

タバコはかっこいい？

タバコは成人だけが吸えるものだから「大人の証明」で「かっこいい」と考えるのは間違いです。日本ではタバコを売るために、タバコを魅力的に見せるパッケージや広告がまだ作られていますが、海外ではより明確にタバコの害を表示している国もたくさんあります。よく考えてみましょう。

6 食中毒の予防

食中毒とは

　細菌やウイルス、有毒な化学物質のついた飲食物を食べて起こす健康障害のことを食中毒といいます。食品中の細菌が体内で増えることで発症（感染型）したり、細菌が作り出した毒素が原因で発症（毒素型）したりしますが、毒のある魚や植物を食べることによっても発症します。

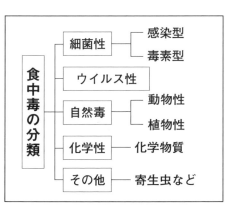

食中毒の主な原因菌
〈細菌性〉

感染型

腸管出血性大腸菌（O157・O111 など）

主な原因食品：牛肉（生肉、レバー）
★熱に弱い。
潜伏期間：1〜10日
主な症状：激しい腹痛、下痢、血便

> 腸管出血性大腸菌感染の重症合併症として、腎臓が機能障害を起こす溶血性尿毒症症候群があります。

サルモネラ菌

主な原因食品：卵、鶏肉
潜伏期間：6〜72時間
主な症状：発熱、
　　　　　激しい腹痛、
　　　　　下痢、嘔吐

腸炎ビブリオ

主な原因食品：魚介類
（海水中に菌が生息）。
★真水や酸には弱い。
潜伏期間：8〜24時間
主な症状：腹痛、下痢、
　　　　　嘔吐、発熱

カンピロバクター

主な原因食品：鶏肉（生肉、レバー）、卵、未殺菌の牛乳や水
★少数の菌で食中毒を起こす。
潜伏期間：1〜7日
主な症状：発熱、腹痛、
　　　　　下痢、頭痛

ウエルシュ菌

主な原因食品：食肉を使ったカレー、シチューなどの調理品。
★酸素が少ない状態で繁殖します。
潜伏期間：6〜18時間
主な症状：腹痛、下痢
（発熱、嘔吐はまれ）

エルシニア

主な原因食品：加熱不足の豚肉
潜伏期間：0.5〜6日
主な症状：
激しい腹痛、
下痢、発熱

毒素型

セレウス菌

主な原因食品：米飯やめん類の調理品（チャーハンなど）
潜伏期間：30分〜16時間
主な症状：嘔吐、下痢、
　　　　　腹痛

ボツリヌス菌

主な原因食品：レトルト類似食品、自家製ビン詰め、いずしなど
潜伏期間：8〜36時間
主な症状：嘔吐、神経症状（視力障害、呼吸困難）

黄色ブドウ球菌

主な原因食品：弁当や菓子などの調理食品
潜伏期間：1〜3時間
主な症状：嘔吐、腹痛、
　　　　　下痢

参考：内閣府　食品安全委員会 資料

〈ウイルス性〉

ノロウイルス

主な原因食品：
ノロウイルスに汚染
された二枚貝の生食
潜伏期間：1～2日
主な症状：発熱、
腹痛、下痢、嘔吐

A型、E型肝炎ウイルス

主な原因商品：
衛生状態の悪い国の
飲料水、獣肉（ジビエ）
潜伏期間：A型は2～7週間、
E型は3～8週間
主な症状：発熱、食欲不振、
倦怠感、嘔吐、下痢、黄疸など

こんな食中毒にも注意

じゃがいもの芽と緑色の皮

有毒成分のソラニン等が原因で、嘔吐や下痢、腹痛などを起こします。

毒のある魚

フグなど、毒のある魚は、免許を持つ専門の調理人に調理してもらいます。

化学物質

傷のある銅鍋から溶け出した銅が原因で食中毒が起こることもあります。

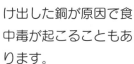

食中毒の意外な素顔

腐ることと、菌による汚染とは違います。
変な臭いや味がしなくても、食中毒を起こすことがあります。

菌が作った毒素が耐熱性のものであれば、加熱しても毒は消えません。
加熱を過信しないことです。

梅雨時や夏場のものと思いがちですが、冬に発生する食中毒もあります。

吐いたものや汚物を通して、人から人へ感染する食中毒もあります。

食中毒予防の３原則

つけない

手や調理器具に付いた菌を洗い流す

増やさない

低温で保存し菌の増殖を防ぐ

やっつける

中心温度75℃で1分以上加熱
※ノロウイルスは85℃
加熱して食品中の菌を死滅させる

食品を扱うとき・調理するときの注意

消費期限をチェック

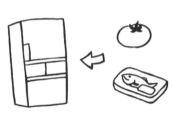
買ってきたらすぐに冷蔵庫へ

生野菜はよく洗う

指をけがしているときは、じかに触れない

肉・魚と野菜は、まな板や包丁をわける

作ったらすぐに食べる

作った料理を長時間放置しない

保存容器は清潔に

再加熱するときは十分に

台所用品の除菌

熱湯で消毒

漂白剤で消毒

日に干す

お弁当の注意 （細菌の繁殖を防ぐ）

○少し濃いめの味付けに　○涼しいところで保管して早めに食べる

できるだけ水分を少なく・中まで加熱

素手でさわらない

ばらんなどでおかずを仕切る（水漏れ予防）

よく冷ましてからふたをする

ノロウイルスが含まれた汚物の処理

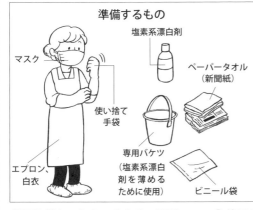

準備するもの：マスク、塩素系漂白剤、ペーパータオル（新聞紙）、使い捨て手袋、専用バケツ（塩素系漂白剤を薄めるために使用）、ビニール袋、エプロン、白衣

①ペーパータオルで外側から静かに汚物を拭き取る

②拭き取った物をビニール袋に入れ、次亜塩素酸ナトリウム水溶液※を注ぐ

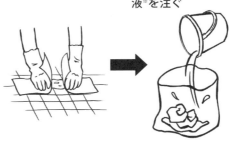

③汚物があったところとその周りを次亜塩素酸ナトリウム水溶液をしみ込ませたペーパータオルで拭き取る

④使用した手袋などもビニール袋に入れて処分する

⑤しっかり手洗いとうがい、換気を行う

※0.1％次亜塩素酸ナトリウム水溶液は、塩素系台所用漂白剤（5％）の原液10mLを500mLの水で薄めたもの

7　おしゃれ障害

📖 子どもの肌は未熟

　皮膚は外側の刺激から人体を守るバリアの働きをしています。皮膚表面は毛穴から分泌された汗や皮脂で作られた天然の膜でコーティングされています。

　しかし、子どもの肌は成人と比べて皮膚が薄く、皮脂量が十分ではないためバリア機能も弱く、大人では問題ない刺激でもトラブルの原因になることがあります。

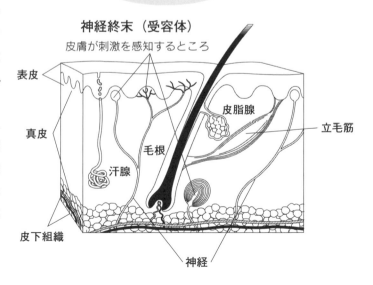

皮膚のしくみ

化粧品はかぶれることがあります

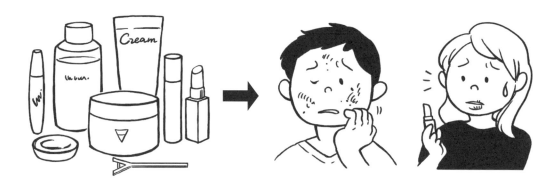

アイメイクのトラブル

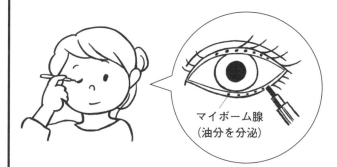

アイライン・マスカラ

目の粘膜部分までアイラインを引いたり、まつげの根元までマスカラを塗ったりすると、角膜に炎症を起こすことがあります。マイボーム腺が詰まりドライアイの原因になることも。

つけまつげ・まつげエクステンション

人工毛がとれて目に刺さったり、接着剤が目に入ったりして角膜に障害を起こすことがあります。

二重化粧品

接着剤や物理的な刺激でまぶたの皮膚がかぶれてしまうことがあります。繰り返すと黒ずみ、ごわごわしてくることも。

ヘアカラー・パーマによるトラブル

ヘアカラー剤や脱色剤、パーマ液剤には多くの化学物質が含まれており頭皮にかぶれを起こすことがあります。最初は問題がなくても、アレルギーを起こすこともあるので使用は避けましょう。

ヘアカラー剤の成分

特にかぶれを起こす原因となるのはPPD（パラフェニレンジアミン）という成分とその類似成分です。

ヘアーエクステンション

自分の髪に人毛や化学繊維の毛束を取り付けたり、編み込んだりするものです。長時間使っていると頭痛や脱毛が起こることがあるようです。

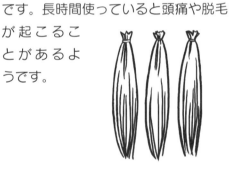

タトゥー

皮膚の奥まで染料を入れるため、一度入れると簡単には消せません。金属を含む染料によるアレルギーや、不衛生な針の使用によって肝炎などの感染症にかかるおそれも。

人工日焼け

サロンで人工的に紫外線を浴びて日焼けした肌を作ると、過剰な紫外線で全身の皮膚がやけどのようになることがあります。

金属アレルギーとは

肌に触れている金属の成分が、汗や体液で少しずつ溶け出します。

溶け出した金属と体内のたんぱく質が結合します。

免疫細胞がそのたんぱく質を異物と見なして攻撃し、アレルギー反応が起こります。

身の回りにある金属

汗をかく夏は金属成分が汗に溶け出してアレルギーを起こしやすくなります。金属に触れた部分だけでなく、全身に症状が出ることもあります。

どの金属がアレルギーの原因かは皮膚科（パッチテスト）で調べることができます。

ピアス　　腕時計・ブレスレット　　ネックレス

ベルト　　ビューラー　　歯の詰め物

アレルギーの原因になる金属	ニッケル（Ni）、コバルト（Co）、パラジウム（Pd）、水銀（Hg）、スズ（Sn）、白金（Pt）、金（Au）、クロム（Cr）、カドミウム（Cd）、イリジウム（Ir）、インジウム（In）、マンガン（Mn）など

爪のトラブル

マニキュア・除光液・接着剤によるかぶれ、乾燥、やけど

つけ爪が引っかかり自分の爪がはがれる

つけ爪の間に菌が繁殖

爪はかたく水分が少ないように見えますが、10%ほどの水分を含んでいます。除光液は爪の油分を奪い、乾燥させます。また削りすぎて爪がもろくなったり、甘皮の処理で爪の根元を傷めたりすることも。つけ爪の長期間使用で自分の爪に菌が繁殖してしまうこともあります。

正しい爪の切り方

白い部分を少し残し、角を指より少し長く残してくいこまないように切ります。

爪でわかる健康状態

さじ状爪（スプーンネイル）

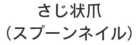

中央がくぼんだスプーン状に反り返っている爪は、鉄欠乏性貧血が疑われます。

バチ状爪

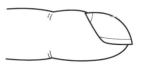

すべての指先が丸くふくらみ、爪が太鼓のバチのように見える場合は、肺や心臓に疾患が疑われます。

陥入爪（かんにゅうそう）

爪の両側が皮膚にくいこんで痛み、赤く腫れ、出血や化膿（かのう）などを繰り返します。深爪が原因です。

巻き爪

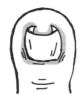

きつい靴を履き続けると、爪も両側から押されるため、先の方でわん曲して、皮膚を挟み込み痛みを感じます。

足のトラブル

ハンマートゥ

指先がハンマーのように変形し、伸ばせなくなる状態です。きつい靴や大きな靴の中で足が前にすべって足指に負担がかかるとなりやすくなります。

外反母趾

足の親指の付け根が変形して飛び出してきます。きつい靴やかかとの高い靴で足指に負担がかかるとなりやすいといわれますが、遺伝的要因もあるといわれています。

開張足

靭帯が緩み、足指の付け根の骨が広がって横のアーチが崩れた状態です。この状態で細い靴をはいているとさまざまなトラブルを起こす危険が高いです。

合わない靴をはいていませんか

先が細く、きつい靴

足の指が伸ばせない状態で歩くことになり、負担がかかります。

かかとが高すぎる靴

前へつま先がすべり、足指に負担がかかります。

大きすぎる靴

靴の中で足がすべるため、足指に負担がかかります。

過剰なダイエット

体型を気にした行き過ぎたダイエットは、成長期の体に悪影響を与えます。特に女子は月経不順の原因になることがあります。

カラーコンタクト

酸素を十分に通さない材質だったり、サイズや厚さが不適切だったりすることが多く、角膜が酸素不足になります。また、レンズ表面が凸凹の低品質のものは、角膜が傷つく原因になります。

8 目のはたらきと病気

目のしくみ

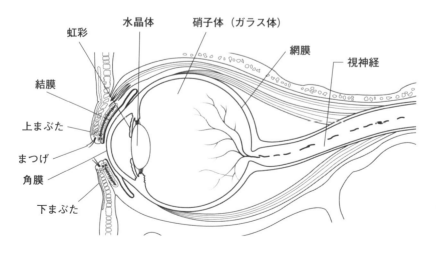

眼球は眼窩（がんか）という骨のくぼみの中におさまっていて、視神経で脳とつながっています。

黒目の外側は角膜といい、白目の表面とまぶたの裏側は結膜といいます。角膜・結膜は涙の層で外の刺激から保護されています。

8 目のはたらきと病気

見えるしくみ

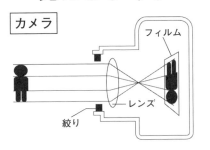

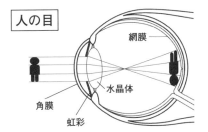

人の目はカメラに似ています。水晶体というレンズを通した光が網膜というフィルムの上で像を結びます。絞りに当たるのが虹彩で、光の量を調節します。

目を守る眼球付属器

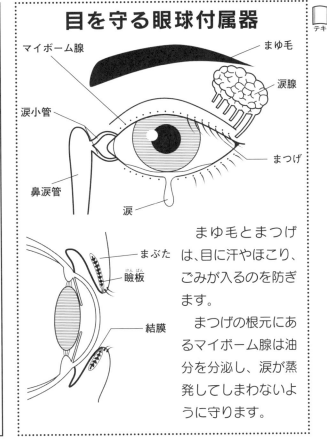

まゆ毛とまつげは、目に汗やほこり、ごみが入るのを防ぎます。

まつげの根元にあるマイボーム腺は油分を分泌し、涙が蒸発してしまわないように守ります。

こんなときは目が疲れています

しょぼしょぼする

まぶしい

目の奥が痛い

字がかすんで見える

目が疲れたら

遠くを見て、目を休める

目を温める

ストレッチをする

目の健康のためにできること

パソコンやゲームは
時間を決める

室内ばかりにいないで
外で体を動かす

小さなディスプレーを
見つめ続けない

読書や字を書くときは
明るい場所で

ものを見るとき
目を近づけすぎない

前髪は目にかからないように

汚れた手で目をこすらない

栄養バランスのとれた食事

紫外線から目を守る

光感受性発作とは

短い間に連続してついたり消えたりする光を見ていると、気分が悪くなったり気が遠くなったりすることがあります。これが「光感受性発作」です。ゲームやテレビの画面を見ていて起きることがあるので注意しましょう。

〈症状〉目が痛む、目に画面が張り付いたようになる、気分が悪くなる、目の前が一瞬暗くなる、手足がふるえだす、頭がぼうっとするなど

近視・遠視・乱視の見え方の違い

正 視

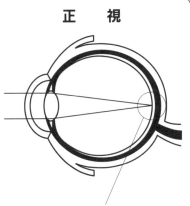

ピントが合っているところ

網膜にピントが合うために、はっきりと見えます。

近 視

見たもののピントが網膜の手前で合ってしまい、遠くのものがよく見えませんが、近くの物はよく見えます。

ピントが合っているところ

矯正の仕方：凹レンズを使って光の角度を変え、網膜にピントが合うようにします。

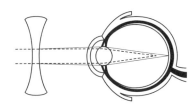

遠 視

ピントの合う場所が網膜の後ろになっています。強い遠視になると、近くのものも遠くのものもはっきり見えません。

ピントが合っているところ

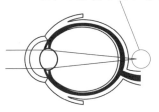

矯正の仕方：凸レンズを使ってピントの合う位置を網膜上にします。

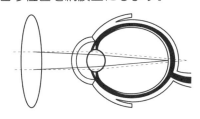

乱 視

縦と横の光の屈折が不均一で、ピントが1点に結びません。円柱レンズという乱視用のレンズで見えるように矯正します。

乱視表

特定の方向の線が濃かったり薄かったりして見える人は乱視があります。

矯正の仕方：円柱レンズを使って見えるようにします。

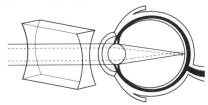

斜視

通常、両眼の視線は、見つめる対象に向かってそろっていますが、片方の視線が対象からそれている状態です。目が疲れやすい、ものがだぶって見える（複視）、立体視がしにくいなどの症状があることがあります。

複視

めがね

【特徴】
・レンズと目の間が離れている（衛生面で安心）
・視野が狭い
・取り外しやケアが簡単
・長時間使用しても目を傷つけない

コンタクトレンズ

【特徴】
・角膜の上にのっている
・スポーツがしやすい（水泳は除く）
・視野は通常
・ケアが難しい
・時間の制約がある

コンタクトレンズの正しい使い方

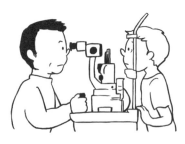
正しい処方・定期検査を受ける

装着する・外す前は石けんで手指を洗う

レンズの貸し借りはしない

レンズのこすり洗い・すすぎ

消毒してから保存

ケースも清潔に

装着したまま眠らない
装用時間・使用期限を守る

めがねの正しいかけ方

目とレンズの中心が合うように調節する

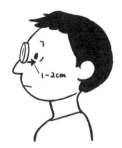
目とレンズの距離は1.2cmになるようにする

目薬のさし方

容器の先が目やまつげに触れないように

目の病気

角膜感染症
角膜が細菌やかび、アメーバなどの病原体に感染し、炎症を起こす病気です。多くがコンタクトの誤使用によって引き起こされています。
〈症状〉目が痛む、ゴロゴロする、涙目、まぶたの腫れ、黒目が白くなる、など

ウイルス性結膜炎
咽頭結膜熱（プール熱）と、流行性角結膜炎（はやり目）は、アデノウイルスが原因で起こります。人に感染しやすいので学校は休まなくてはいけません。
〈症状〉目やに、涙目、ゴロゴロする、結膜の充血と腫れ、まぶたの腫れ、発熱を伴うことも

麦粒腫（ものもらい）

まぶたの一部が赤く腫れ、痛みや目やにが出ます。疲れて抵抗力が落ちているときに、黄色ブドウ球菌などに感染して起こります。

ドライアイ

涙の量が減ったり、涙の質が変化したりして目の表面を潤す力が低下し、目の疲れや痛み、まぶしさなどを感じます。パソコンの画面の見すぎやエアコンによる空気乾燥も原因になります。

9　さまざまなアレルギー

花粉症

原因となる花粉が鼻や目の粘膜に侵入すると、鼻炎症状や目のかゆみなどが起こります。花粉が飛散する時期には、マスクをするなどの予防が大切です。

飛散量は前年の夏の気温が関係する

外出するときは帽子・めがね・マスクを

家に入る前によくはたいて花粉を落とす

気管支ぜんそく

空気の通り道である気管や気管支が、炎症を起こして狭まり息苦しくなったり、発作的なせきが起こったりします。

治療には気道を広げる吸入薬がよく使われます。

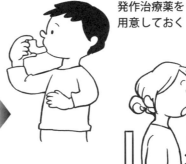

ゼーゼーヒューヒューという呼吸音

発作治療薬を用意しておく

軽い発作は腹式呼吸で落ちつくことも

アトピー性皮膚炎

かゆみのある湿疹があり、良くなったり悪くなったりを繰り返します。汗や汚れを洗い落として皮膚を清潔にする、必要に応じて薬を塗るなどのスキンケアが大切です。

かゆみのある湿疹

泡でやさしく洗い清潔に

木綿の下着や服を着る

食物アレルギーとは

原因となる食物を食べたり、体に触れたりして起こる過剰な免疫反応のことをいいます。症状が出る場所は粘膜、消化器、呼吸器などさまざまですが、多くは食べてまもなくして気分が悪くなったり、口の中のかゆみなどが現れたりします。

主な原因食品：牛乳、乳製品／そば／かに／えび／ピーナッツ／果物／鶏卵／小麦

食物アレルギーの症状

 かゆみ、発疹など

 涙目、鼻水、口唇の腫れなど

 腹痛、嘔吐（おうと）、下痢など

 くしゃみ、喘鳴（ぜんめい）、呼吸困難など

初期対応

アレルギー症状が出始めたら、すぐに実行します。初期対応の後、1〜2時間は安静にして経過を観察します。

 食品を吐き出して口をすすぐ

 皮膚についたら洗い流す

アナフィラキシーショックとは

アレルギー反応が原因で、複数の臓器に症状が現れることをいいます。血圧低下や意識障害などを引き起こし、場合によっては命を落とすこともあります。

エピペン®を持っている生徒であれば、速やかに筋肉注射を打つなどの迅速な救急処置が必要です。

症状 呼吸困難、全身紅潮、血管浮腫（顔面、のど）、じんましん、血圧低下、チアノーゼ

食べ物以外でアナフィラキシーの原因になりえるもの

ハチ毒

医薬品

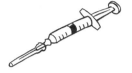
ワクチン・血液製剤

天然ゴム（ラテックス）

運動（食物依存性運動誘発アナフィラキシー）

原因となる食べ物をとったあとに運動をするとアナフィラキシーを起こすことがあります。

アナフィラキシーショックの対応

すぐに119番通報、AEDの準備をしましょう。エピペン®を持っている生徒であれば、すぐに打ちましょう

嘔吐に備えて顔を横向きに（意識がある場合）

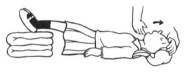
ショック状態のときは気道を確保し、足を頭より高くする

安静な体位

エピペン®の使い方

注射する場所（太ももの中心から外側あたり）

緊急の場合は服の上から

注射後は、医師の診察を受ける

10 歯と口の健康

歯の断面図

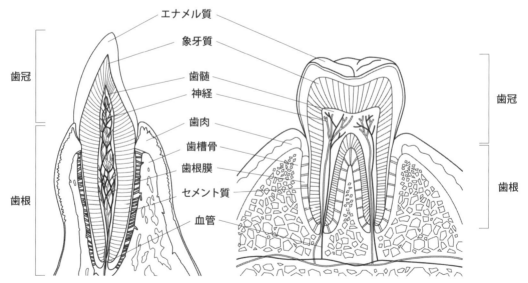

　歯冠の表面はエナメル質という人体で最も硬い組織で覆われています。これは水晶くらいの硬さがあり、いろいろな物をかみ砕くことができます。エナメル質の下はエナメル質より軟らかい象牙質とセメント質という組織です。血管や神経が集まる歯髄から象牙質の細胞に栄養が送られています。歯根はあごの骨（歯槽骨）の中に埋まっています。

歯の数と種類

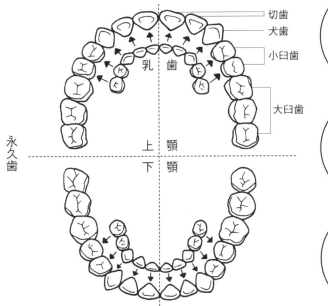

のみのような形で食べ物をかみ切ります。

とがった牙のような形で肉などを切り裂きます。

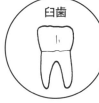
きねと臼のような形で食べ物を細かく砕き、すりつぶします。

　人の歯は乳歯で20本、永久歯で28〜32本からなります。一生のうちに1回乳歯から永久歯に生えかわりますが、大臼歯だけは、最初から永久歯で、生えかわることはありません。一番奥の大臼歯は親知らずともいい、生えない人もいます。

むし歯・歯周病の原因となる歯垢

　むし歯の原因菌といわれるミュータンス菌は、食べ物の糖を利用してねばねばした物体を作り出します。これに菌がすみついたものが歯垢（プラーク）です。歯垢の中の菌が作り出す酸は、むし歯や歯周病（歯肉炎、歯周炎）の原因になります。歯垢は歯磨きでブラッシングしないと除去できません。

むし歯の進行

エナメル質のむし歯

歯垢から出される酸で、歯の一番表面のエナメル質が溶けています。まだ痛みやしみる感じはありません。

象牙質のむし歯
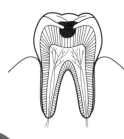
象牙質が露出すると神経に外からの刺激が伝わり、冷たい食べ物や飲み物がしみます。

歯髄まで達したむし歯
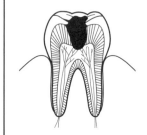
神経が露出し、何も食べたり飲んだりしなくてもずきずき痛みます。

歯根だけ残ったむし歯
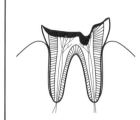
神経が死ぬと痛みも感じなくなります。歯の内部の空洞をそのままにしておくと、細菌が血流で体内に運ばれてしまうので、この状態になると歯を抜きます。

歯周病

歯肉炎
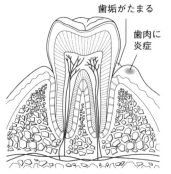
歯と歯肉の境目に歯垢がたまり、歯肉が炎症を起こします。

軽度歯周炎
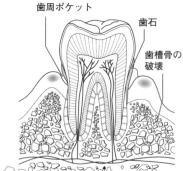
歯周ポケットが深くなり、歯槽骨の破壊が始まります。

中等度歯周炎
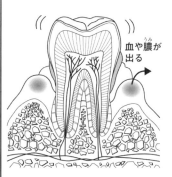
歯槽骨の破壊が進み、歯がぐらつき始めます。

重度歯周炎
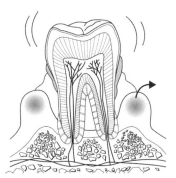
歯槽骨の破壊がさらに進み、歯が抜けます。

むし歯はどうしてできる？

むし歯は、①むし歯菌 ②糖分 ③歯質、歯並び、唾液の性状 ④（歯に歯垢が付いている）時間 の4つの因子がそろったときに発生します。

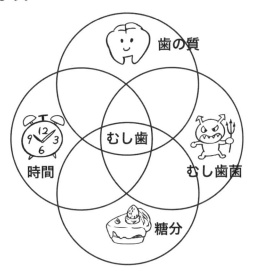

COとは

COとは、歯の一番外側のエナメル質が溶けてはいないものの、そのままにしておくとむし歯になってしまうおそれの高い歯をいいます。

GOとは

歯肉が軽い炎症を起こしているものの、正しいブラッシングや保健指導で症状が軽くなったり、消えたりする程度の状態をいいます。

むし歯・歯周病を予防するには

毎日しっかり歯を磨く

ダラダラ食べない

砂糖を控え栄養バランスのとれた食事をとる

定期的なチェックを受ける

規則正しい生活を心がける

ほかにも
・歯のクリーニングを受ける
・フッ化物を塗る
など

歯垢のたまりやすいところと磨き方

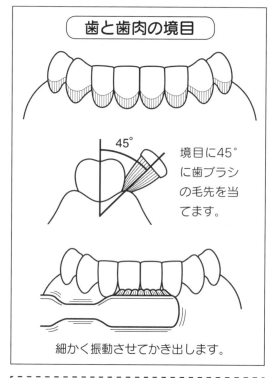

歯と歯肉の境目

境目に45°に歯ブラシの毛先を当てます。

細かく振動させてかき出します。

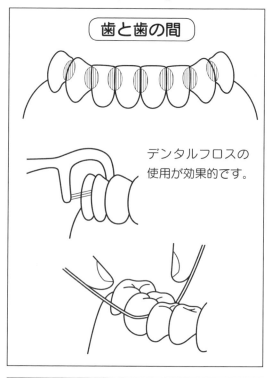

歯と歯の間

デンタルフロスの使用が効果的です。

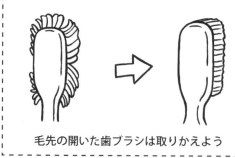

毛先の開いた歯ブラシは取りかえよう

前歯の裏側

歯ブラシを縦に当て、かき出すように使います。

鏡を見ながらしっかり磨いてみよう

力を入れ過ぎず、歯表面をすべらせるように磨きましょう。

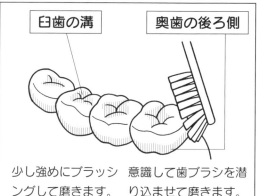

臼歯の溝　　奥歯の後ろ側

少し強めにブラッシングして磨きます。　意識して歯ブラシを潜り込ませて磨きます。

歯肉をチェックしてみよう

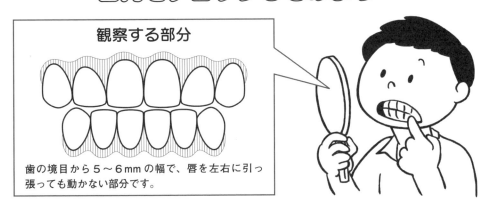

観察する部分

歯の境目から5〜6mmの幅で、唇を左右に引っ張っても動かない部分です。

●当てはまる項目にチェックしよう●

色	薄いピンク色	赤、暗い赤、赤紫色	
形	歯と歯の間に、三角に入り込んでいる	腫れて、ふちが丸みを帯びている	
感触	引き締まっている	ブヨブヨしている	
出血	出血しない	出血する	

↓ 健康な歯肉の状態です　　↓ 歯肉炎の特徴が出ています

口の病気

顎関節症
あごを動かす筋肉や関節の周辺が痛み、あごがうまく動かなくなる病気です。

歯ぎしり
寝ているときなどに無意識に強く歯をかみ合わせ、すり減ることがあります。

口内炎
口の中の粘膜に潰瘍ができて痛みます。抵抗力が低下しているとなりやすくなります。

口臭
胃腸の不調や歯周病などで口の中の臭いが悪臭になることがあります。実際は臭くないのに思い込んでいることも。

歯並び
歯並びが悪いと歯磨きが行き届かなかったり、発音に問題が出たりすることがあります。

味覚障害
体内に亜鉛が不足すると味を感じる機能が低下します。

そしゃくの効果

脳への血流量が増えて、脳の神経活動が活発になる

満腹中枢が刺激され、食べ過ぎを防ぐ

唾液がよく出て、むし歯予防になる

緊張を和らげる物質が増えて、ストレス解消になる

唾液がよく出て消化・吸収をよくする

唾液がよく出て食べ物の味がよくわかる

唾液のはたらき

唾液は1日に1.5～2Lも出て、口の中を潤しています。

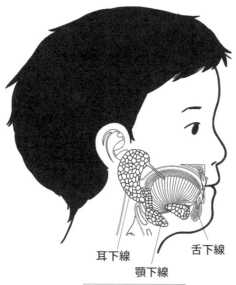

耳下線　舌下線　顎下線

唾液の出るところ

①食べ物と混ざると胃が消化しやすくなる

②口の中の食べかすを洗い流して殺菌する

③溶けた歯表面にミネラルを届けて修復する（再石灰化）

④口の中のpHを一定に保ち細菌の繁殖を防ぐ

⑤舌や口の粘膜をなめらかにし、発音をスムーズにしたり食べ物をのみ込みやすくしたりする

⑥食べ物の味を舌の味らいに届ける

全身に関わる歯の役割

そしゃくによって脳の働きを活発にする

硬い食べ物でもかみ砕きおいしく食べられる

発音をはっきりさせる

歯を食いしばると全身の筋肉に力が入り重い物も持ち上げられる

あごの骨と筋肉が発達し引き締まった顔立ちにする

全身のバランス感覚を保つ

8020運動

80歳になっても、20本以上の歯が残っていれば、満足のいく食生活が送ることができるといわれています。

一生、自分の歯で食べる楽しみを味わえるように、子どものころから健康な歯を保ちましょう。

おいしくかむことができる歯の数

歯の数が少なくなるほど、食べられない物が多くなってしまいます。

11 食と健康

5大栄養素について知ろう

　人間に必要とされる栄養素は、大きくわけて炭水化物、たんぱく質、脂質、ビタミン、無機質の5つがあります。

　炭水化物と脂質は体を動かすエネルギーとして利用されます。たんぱく質は、筋肉や内臓、皮膚などのあらゆる組織を作る栄養素で、特に成長期には多めにとる必要があります。ビタミン、無機質は体の調子を整える、ほかの栄養素の働きを助けるという機能があり、微量であっても不可欠な栄養素です。

主に筋肉や骨を作るたんぱく質

主にエネルギーを生み出す
炭水化物、脂質

体の調子を整える
ビタミン、無機質

食生活をめぐる問題点

朝食を食べない

遅い夜食

ファストフードや清涼飲料が大好き

エネルギーの過剰摂取

無理なダイエット

野菜はあまり食べない

バランスのよい食事の基本は、主食・主菜・副菜・汁物がそろったものです。主食の炭水化物でエネルギー源を、魚や肉などの主菜でたんぱく質をとるようにします。ビタミン、無機質や水分は副菜（野菜料理、果物など）と汁物（スープなど）で補います。

バランスのよい食事とは

ペットボトル症候群とは

清涼飲料には糖分が多量に含まれている場合が多いです。そのため多飲すると、血糖値が上昇して口の渇きを感じ、さらに大量の清涼飲料を飲むという悪循環になってしまうことがあります。これをペットボトル症候群と呼び、重症になると意識がなくなることもあります。水分補給には糖分を含まない水やお茶がよいでしょう。

食べ物の消化・吸収

口の中に入れた食べ物は、①口→②食道→③胃→④小腸→⑤大腸の順に進む中で細かく分解され、栄養や水分が吸収されて、1〜2日間かけて便（うんち）となり、体の外に出されます。

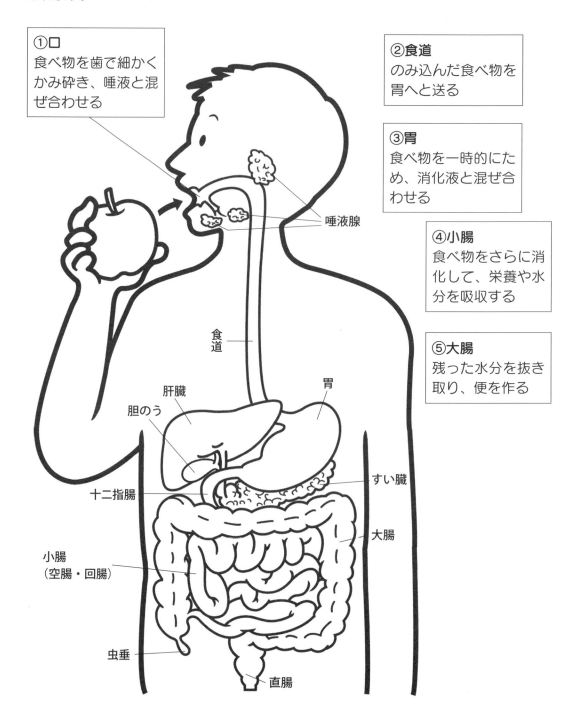

①口
食べ物を歯で細かくかみ砕き、唾液と混ぜ合わせる

②食道
のみ込んだ食べ物を胃へと送る

③胃
食べ物を一時的にため、消化液と混ぜ合わせる

④小腸
食べ物をさらに消化して、栄養や水分を吸収する

⑤大腸
残った水分を抜き取り、便を作る

消化管のはたらき

口

食べ物は歯で細かく砕かれ、唾液腺から出される唾液と混ざり合います。唾液は、食べ物をのみ込みやすくするだけではなく、食べ物の「炭水化物」をより小さな糖に分解する働きがあります。

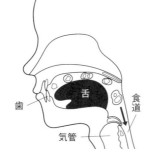

食道

口からのみ込まれた食べ物は、食道を通ります。食道は長さ約25mの細い管で、筋肉でできており、食べ物が通ると規則的に伸び縮みし、胃へと送ります。

胃

胃へ入った食べ物は、胃に一時的にためられます。胃は伸び縮みして消化液と混ぜ合わせ、食べ物をどろどろに消化します。

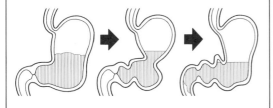

肝臓、胆のう、すい臓

肝臓では脂肪の消化・吸収を助ける胆汁を作り、胆のうでためて、十二指腸に送ります。すい臓はすい液という消化液を十二指腸に送ります。

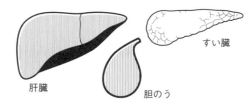

小腸

小腸は、十二指腸、空腸、回腸の3つに分かれています。小腸の内側にある絨毛というひだから栄養や水分を吸収し、肝臓へと送ります。

大腸

小腸から送られた食べ物に残った水分を抜いて、便を作ります。直腸に便が送られると、その情報が脳に届き「便がしたい」と感じます。
腸内には多くの腸内細菌がすみついており、善玉菌と悪玉菌のバランスがよい便を作るカギとなります。

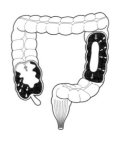

12 性の健康

思春期の体の変化

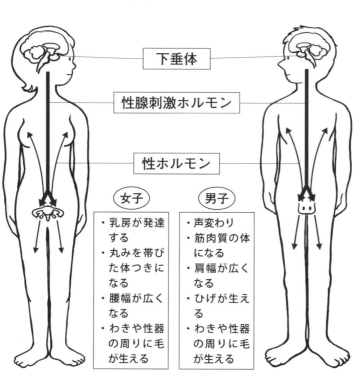

　思春期になると、脳の下垂体というところから性腺刺激ホルモンが分泌され、生殖機能が発達します。

　女子は卵巣内で卵子が成熟し、男子は精巣で精子が作られるようになり、男女の体つきに特徴的な変化が起こってきます（二次性徴）。

女性の内生殖器（横から見たところ）

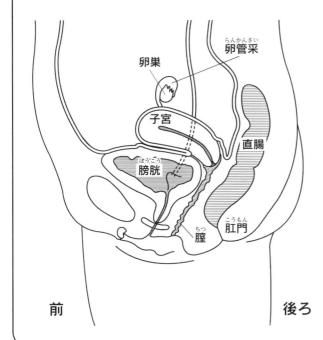

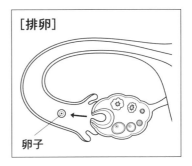
［排卵］

子宮の両側にある卵巣では卵胞が成熟し、約28日周期で卵子が卵管に向かって飛び出すようになります（排卵）。受精しない場合は、卵子は消えて月経が起こります。月経は10～15歳前後で始まり、50歳くらいまで続きます。

男性の内生殖器（横から見たところ）

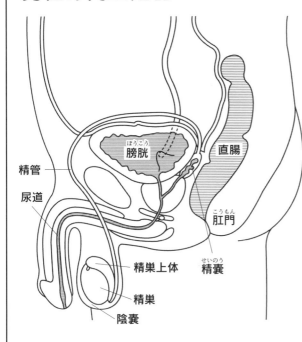

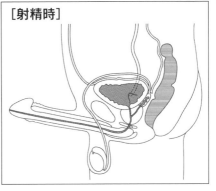
［射精時］

精巣が発達し、その中で精子が活発に作られるようになります。
精子は精巣上体で成熟し、性的興奮によるペニスの勃起で、精管を通って体外へ出されます（射精）。個人差がありますが、12～13歳ごろに初めての射精（精通）が起こります。

月経のしくみ

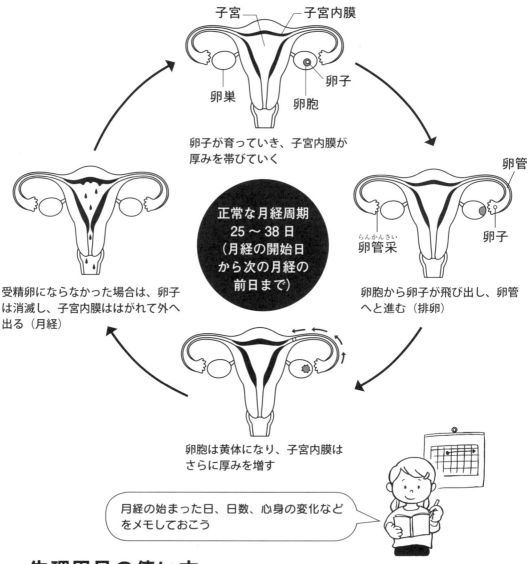

生理用品の使い方

月経に伴う体温とホルモンの変化

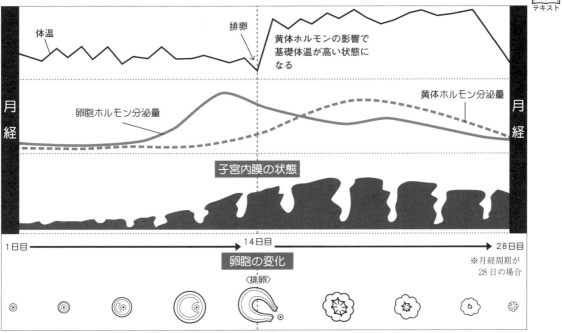

　排卵や月経は、女性ホルモン（卵胞ホルモン・黄体ホルモン）が増えたり、減ったりすることで起こります。ひと月の間に変わるホルモンバランスによって、体温が低い時期と高い時期の2相に分かれるので、基礎体温を測ることで月経や排卵の有無などを知ることができます。

月経痛・月経前症候群（PMS）

PMS = Premenstrual Syndrome

　月経に伴って、腹痛やだるさ、頭痛などの体の症状が現れることがあります。また、月経が始まる前にイライラや憂うつなど、精神的な症状が現れることもあります。

体を温めよう

　月経中は体が冷えないように服装に注意し、温かい飲み物を飲んだり、軽い運動をしたりしましょう。体を温めると、月経痛を和らげることができます。

性への関心・欲求の男女差・個人差

男性 一般的に性反応は、欲求が盛り上がり、射精の後は、急速に冷める「急行型」。

女性 一般的に性反応は男性ほどはっきりした経過が見られない「鈍行型」。

17〜18歳は生物学的に最も性欲が強いため、交際中の相手にも性交渉を求めがちな傾向があります。自制心と相手への思いやりが必要です。

男性ほどはっきりした性欲のピークがなく、精神的な部分に左右されることが多いです。相手に流されず、自分の体に主体性を持つことが大切です。

自分も相手も大切に

好き同士なはずなのに、相手の自由を制限したり、尊厳を脅かすような行為をしてしまったり、されたりしていたら、それはデートDVになります。

束縛は愛情表現？ NO！

お互いの体と心の違いを理解して認め合い、対等な関係を築いていきましょう。

好きなら相手の言う通りにするべき？ NO！

性情報リテラシーと性行動の選択

信頼できる情報源から情報を得ましょう。また、性行動で生じる結果をよく考えてみましょう。

性を「物」のように扱う表現に「NO」

アダルトビデオやアダルト雑誌の内容をうのみにしてはいけない

トラブルの多いネットの出会いは要注意

「女だから」「男だから」ではなく自分らしく

いろいろな性

性別には生まれ持った身体の性別と、自分が自分をどう思っているかの心の性別、好きになる相手の性別とがあります。異性を好きになる人もいれば同性を好きになる人、身体や心の性別が男女に判別しづらい人もいます。性は多様なものなのです。

LGBTって何？	
Ⓛesbianレズビアン	身体の性、心の性、好きになる性が女性の人
Ⓖayゲイ	身体の性、心の性、好きになる性が男性の人
Ⓑisexualバイセクシャル	恋愛の対象に性別が問題にならない人
Ⓣransgenderトランスジェンダー	生まれたときに割り当てられた性別（法律的、社会的）にとらわれない人

受精のしくみ

女性の膣内で射精された精子が、卵巣から排出された卵子と卵管内で出会うと受精して受精卵となります。

受精卵が細胞分裂をしながら、子宮に移動し、子宮内膜に付着すると着床となります。これで妊娠が成立します。

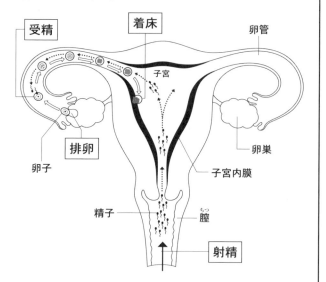

妊娠中の胎児と母体の変化

妊娠すると排卵・月経が休止します。妊娠が確認できる4週ごろには、胎児は脳や心臓などの器官の形成が始まり、約9か月を経て産まれます。わずか0.1mmほどの大きさの受精卵が、産まれるころには約5000倍もの大きさにまで成長します。母体の健康状態が、そのまま胎児に影響しますが、特に妊娠初期は薬などの影響を受けやすい時期なので、妊婦は十分な注意が必要です。

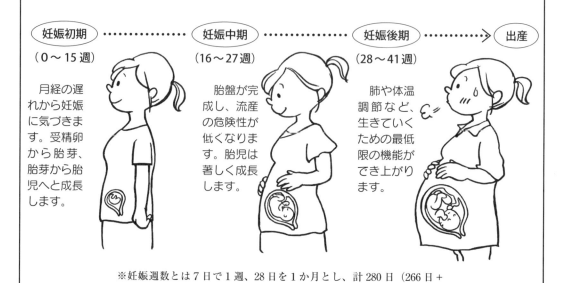

妊娠初期 (0〜15週)	妊娠中期 (16〜27週)	妊娠後期 (28〜41週)	出産
月経の遅れから妊娠に気づきます。受精卵から胎芽、胎芽から胎児へと成長します。	胎盤が完成し、流産の危険性が低くなります。胎児は著しく成長します。	肺や体温調節など、生きていくための最低限の機能ができ上がります。	

※妊娠週数とは7日で1週、28日を1か月とし、計280日（266日＋排卵までの14日）を妊娠期間とする数え方です（WHOによる）

知っておきたい避妊法

コンドーム

男性が行う避妊法で、ペニスが勃起状態になってから装着し、腟内に精液が入らないようにします。正しく装着しなかったり、性交する前につけなかったりすると、避妊の効果がありません。

低用量ピル

女性が行う避妊法で、28日を1周期として21日間服用し、女性ホルモンを調節します。

ピルによる避妊のしくみ

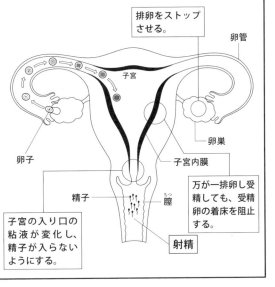

- 排卵をストップさせる。
- 卵管
- 子宮
- 卵巣
- 卵子
- 子宮内膜
- 精子
- 腟
- 射精
- 子宮の入り口の粘液が変化し、精子が入らないようにする。
- 万が一排卵し受精しても、受精卵の着床を阻止する。

こんな方法は間違い

精子が腟内に入らないよう射精前にペニスを腟から抜く（腟外射精）のは不確実な方法です。精液が腟口についただけでも妊娠の可能性があります。

月経周期から「安全日」を予測する方法も、さまざまな要因で排卵日が変わることから、確実な避妊法ではありません。

人工妊娠中絶

やむを得ない理由があれば、法律で決められた期間内に、手術などによって胎児を母体外に出すことが認められています。中絶による女性への身体・精神への負担は相当なもので、不妊症の原因になることもあります。中絶は最後の手段です。

妊娠週 ① ② ③ ④ ⑤ ⑥ ⑦ ⑧ ⑨ ⑩ ⑪ ⑫ ⑬ ⑭ ⑮ ⑯ ⑰ ⑱ ⑲ ⑳ ㉑ ㉒ ㉓ ㉔ ㉕

→初期中絶　→中期中絶　→これ以降は中絶できない

妊娠期間が進むほど困難な手術に

性感染症（STD=Sexually Transmitted Diseases）

主な性感染症

性器クラミジア感染症

- 病原体　クラミジア・トラコマティス
- 症状
  - 男性：尿道に炎症や分泌物が出る。排尿時に痛みがある。自覚症状がある人は半分くらい。
  - 女性：自覚症状がない場合が多い。子宮頸管に感染し、子宮頸管炎を起こす。
  - （男女とも）性器から口腔への感染も。

性器ヘルペスウイルス感染症

- 病原体　単純ヘルペスウイルス2型
- 症状（男女とも）
  - 性器やその周辺に痛みを伴う水疱（すいほう）ができる。びらん、潰瘍、かゆみなど。
  - 性器から口腔への感染も。

淋菌（りんきん）感染症（淋病）

- 病原体　淋菌
- 症状
  - 男性：尿道から膿（うみ）が出る。排尿時に激しい痛みがある。
  - 女性：自覚症状がない場合が多い。子宮頸管に感染し、子宮頸管炎を起こす。
  - （男女とも）性器から口腔への感染も。

尖圭コンジローマ

- 病原体　ヒトパピローマウイルス（HPV）6型、11型など
- 症状（男女とも）
  - 性器や肛門の周辺にカリフラワー状のいぼができる。
  - 性器から口腔への感染も。

梅毒

- 病原体　梅毒トレポネーマ
- 症状（男女とも）
  - 第1期：外陰部にかたいしこり
  - 第2期：全身に発疹、粘膜に粘膜疹
  - 第3期：皮膚に大きめのしこり
  - 第4期：脳、脊髄がおかされ死に至ることも
  - 性器から口腔への感染も

B型肝炎

- 病原体　B型肝炎ウイルス（HBV）
- 症状（男女とも）
  - 目立った症状がなく、だるさ、疲れやすさが増す程度。完全治癒しないと、慢性化し肝硬変になることも。予防にはワクチンが有効。

テキスト　性感染症は、精液や性器の分泌液に含まれた病原体が、性行為の際に粘膜から体に入ることで起こります。1回の性行為でも感染することもありますし、自覚症状がなく、知らない間に相手に感染させることもあります。母子感染や、不妊の原因になることもあります。

性感染症の検査

全国の保健所で、匿名で受けることができます。

尿や分泌物を調べる

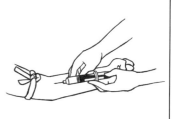

血液を調べる

「自分は大丈夫」は間違い

「特定の人としか性行為をしていないから」「自分の相手は安全」と考えがちですが、自分や相手が過去に付き合っていた人の中に感染した人がいれば、気づかずに感染している可能性があります。性感染症が心配なときは、相手にも検査・治療を受けてもらう必要が出てきます。

性感染症の予防

①性行為をしない
（最も安全な予防法です）

②コンドームをする
（正しく使わなければ予防になりません）

正しく使ってね

HIV・エイズ（AIDS）

　HIV(=Human Immunodeficienty Virus, ヒト免疫不全ウイルス)に感染し、しだいに免疫力が落ちて、さまざまな感染症にかかりやすくなるとAIDS（=Acquired Immunodeficiency Syndrome, 後天性免疫不全症候群）の発症となります。

　現在は抗HIV薬を飲み続けることで、発症を抑えることができますが、完全に治すことはまだできていません。HIVとエイズについて正しい知識を持つことが、感染予防と患者・感染者に対する差別・偏見の解消に大切です。

HIVは体を守る免疫細胞を破壊するため、エイズを発症するとさまざまな病気にかかりやすくなる

薬でエイズ発症を防ぐことができる

12月1日は世界エイズデー

レッドリボンには「エイズに関して差別や間違った考え方を持っていない」というメッセージが込められている

HIVの感染経路

HIVは主に感染者の精液（先走り液含む）、膣分泌液、血液、母乳の中に含まれ、①性行為（粘膜の接触）②血液（注射の回し打ち、血液製剤など）③母子感染（妊娠中、母乳）の3つの経路から主に感染します。

性行為による感染

血液による感染

母から子への感染

こんなことでは感染しません

HIVは人の体外では生きられないウイルスで、空気中・水中では感染力を失います。

回し飲みをする

抱き合う・握手をする

同じトイレを使う

同じタオルを使う

同じプール・風呂に入る

せきやくしゃみ

13　10代のメンタルヘルス

ストレスとは？

　ストレスとは、周りからさまざまな刺激（ストレッサーといいます）を受け、心と体に負担がかかった状態のことです。

　適度なストレスは心と体を強くもしますが、行き過ぎたストレスは悪い影響を及ぼしてしまうので、自分にとっての限界をよく把握し、ストレスに適切に対処することが大切です。

ストレッサーの種類	気温、騒音、寝不足、栄養の過不足、病気、けが、人間関係、不安、緊張など

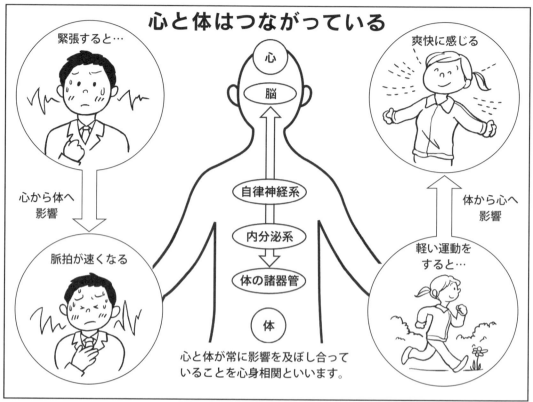

心と体はつながっている

緊張すると…
心から体へ影響
脈拍が速くなる

心 → 脳 → 自律神経系 → 内分泌系 → 体の諸器管 → 体

爽快に感じる
体から心へ影響
軽い運動をすると…

心と体が常に影響を及ぼし合っていることを心身相関といいます。

心と関係の深い病気・心の病気

過敏性腸症候群
腸自体に異常がないのに、緊張や不安などのストレスによって腹痛や下痢が引き起こされます。

過換気症候群
強い不安や緊張で呼吸を調節する神経が混乱し、息が苦しくなってしまいます。

過換気症候群への対応
落ち着かせて、腹式呼吸をさせます。万が一過換気症候群でなかった場合、有害な場合もあるので、ペーパーバック法はやめましょう。

統合失調症

幻聴、妄想などの症状が出る病気です。

社交不安症

対人関係を強く心配して、日常生活に支障が生じてしまいます。

摂食障害

体型と体重にこだわって極端に食べなかったり、逆に過食をして吐いたりすることを繰り返します。

うつ病

気分の落ち込みが続き、日常生活に支障が生じます。体に症状が出ることもあります。休養が一番大切です。

誰かに相談してみよう

悩みを吐き出すことは恥ずかしいことでも弱いことでもありません。自分だけでは解決することができないこともあります。そんなとき、誰かに話を聞いてもらうことで気持ちが楽になったり、違う考え方ができるようになったりすることもあります。

一人で抱え込まないで

信頼できる人に話してみよう

相談ダイヤルもあります

- チャイルドライン
- こころの健康相談統一ダイヤル など

思春期の心の特徴

子どもから大人に変わりつつある、心身ともに悩みが多く変化の大きい時期です。

勉強、将来についての悩み

将来への夢がふくらむが、自分の能力について悩むことも。

友人関係の悩み

友人関係の重要性が高まる。

自分自身のこと

「自分らしさ」や生き方についての問いを繰り返し、アイデンティティーを確立していく。

親との関係性

独立心が高まり自分の考えを持つようになる。

容姿の悩み

人の目や人の評価を気にするようになる。

恋愛・性への関心

恋愛や性的な関心が高まる。

落ち込んでも立ち直る力

どんなに強い人でも、どうにもならない状況やマイナスの出来事が起こることはありえます。そんなときは、正面から困難にぶつかっていくだけでなく、人に頼ったり、ときには問題を先送りにしたり、逃げてしまう方法も必要になるかもしれません。落ち込んですぐには回復できない状態が続いても、その経験をばねにして乗り越えていく中で人は成長していきます。

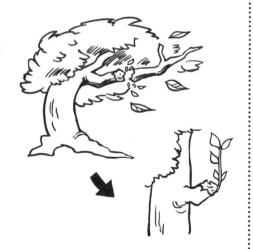

心の「めがね」を変えてみる（リフレーミング）

　私たちは、自分の心にある「めがね」だけで物事を見たり、判断したりしがちです。リフレーミング（reframing）とは、この心の「めがね」を別の「めがね」に変えて、物事の見方も変えてみようとする試みのことをいいます。

★自分のリフレーミングカードを作ってみよう。

リフレーミング辞書

　人は自分だけの価値観で物事のよしあしを測りがちですが、人にはあなたが短所と思っている性格も長所に見えているかもしれませんよ。

私って… あなたって…	リフレーミングすると	私って… あなたって…	リフレーミングすると
がんこ	意志が強い、信念がある	はっきり断れない	相手の立場を大切にしている
すぐ調子にのる	雰囲気を明るくする	口べた	うそがつけない
きびしい	責任感がある	だらしがない	細かいことにこだわらない、おおらか
生意気	自立心がある	甘えん坊	人にかわいがられる
優柔不断	じっくり考える	あわてんぼう	行動的、思い切りがいい
変わっている	味がある、個性的	目立たない	和を大切にしている
でしゃばり	世話好き、人の役にたちたい	いばってる	自分に自信がある、堂々としている

（表）

（裏）

ストレスへの対処法

自分に合ったストレス対処法を見つけてみましょう。

人と話す

思いをノートに書いて整理する

好きなことをする

体を動かす

見方を変える

原因をなくす

リラックス …心の緊張をほぐし、エネルギーをためるメンテナンス

リラックスすると…

心をきちんとはたらかせるためのエネルギーが回復します。

リフレッシュ …気分転換をして目的へと進むためのメンテナンス

リフレッシュすると…

迷子にならずに目的に向かって前進する手助けとなります。

10秒呼吸法

腹式呼吸を取り入れたリラックス法です。

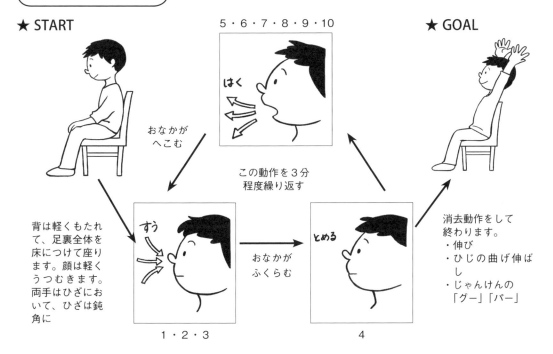

肩のリラクセーション

適度な緊張を保ちながら、余計な力を抜く方法です。

さわやかに気持ちを伝えてみよう

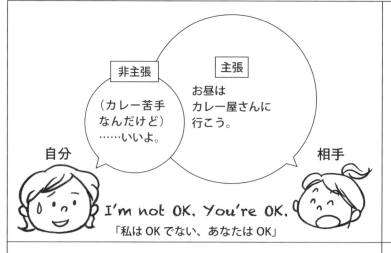

相手に気を遣いすぎて自分の気持ちを押し殺す

起こりがちなトラブル

・自分の気持ちや意見が相手に伝わらない
・がまんしてストレスがたまる
・対等な関係をつくれない

相手に遠慮せず自分の言いたいことだけ言う

起こりがちなトラブル

・自分の意見を通しても後味の悪さが残る
・関係が破綻したりぎすぎすしたりする
・相手は不満や怒りを感じる

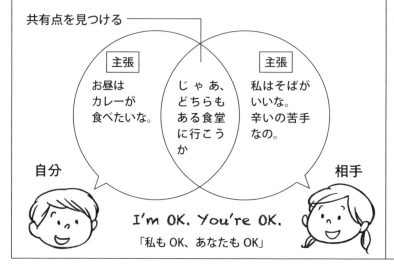

自分も相手も大切にして自分の気持ちを伝えられる

アサーティブ（自他尊重）に伝えるメリット

・お互いの意見や気持ちがわかる
・お互いにさわやかな気分になる
・一人で考えたとき以上のよい考えが見つかることも

14 保健室の利用

こんなときに来てください

「何となく教室に入りたくない」「学校に来るのがつらくなってきた」ときも来てみてください。

けがをした　　気分が悪い・吐きそう　　頭が痛い

おなかが痛い　　体や健康のことについて知りたい　　悩みごとを相談したい

14 保健室の利用

学校では飲み薬は出しません

「頭が痛いから、痛み止めの薬をください」という人がいますが、学校では飲み薬を出すことはありません。緊急時の場合に備えて、かかりつけ医の処方薬があるときは、各自で学校に持ってきてください。冷所保管が必要だったり、自分で保管するのが難しかったりする場合などは、保護者の預かり書を提出してもらって保健室で預かることも可能です。

保健室を利用するときは

なるべく、担任の先生に断ってから来てください

室内の器具は声をかけてから使ってください

読んだ本はちゃんと元に戻してください

静かに利用してください

いつ、どこで、何をしていたら、どこが、どのようになったかを伝えてください

来室記録を書きましょう

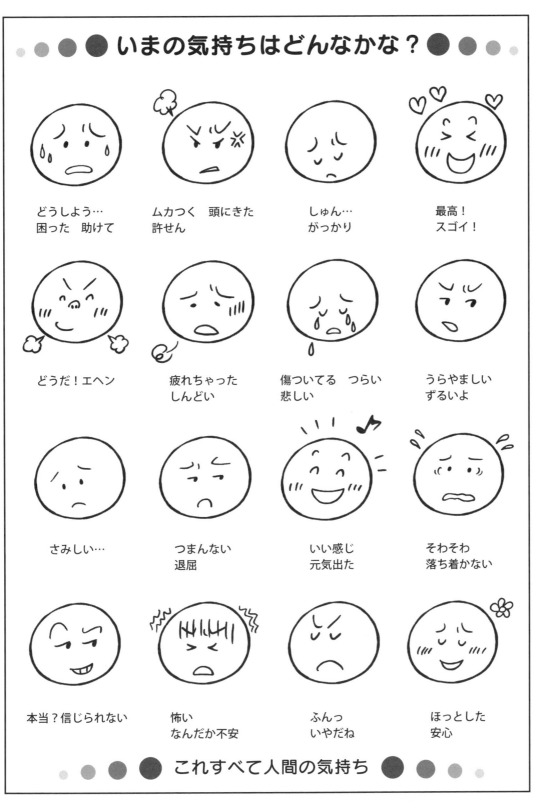

感情を言語化することが苦手な子への支援に活用してください。

索引 Index

AED ……………………………… 59	顎関節症……………………………… 65	受精……………………… 73,74,78,79
AIDS（後天性免疫不全症候群）… 81	角膜………………… 45,49,50,51,54,55	主流煙………………………………… 35
A型肝炎ウイルス ………………… 41	過呼吸………………………………… 84	純アルコール………………………… 31
B型肝炎ウイルス ………………… 80	過食…………………………………… 85	食物アレルギー……………………… 58
CO …………………………………… 63	下垂体………………………………… 72	自律神経………………………… 25,84
COPD（慢性閉塞性肺疾患）… 35,36	過敏性腸症候群……………………… 84	心身相関……………………………… 84
E型肝炎ウイルス ………………… 41	花粉症………………………………… 57	心臓病…………………………… 13,35
GO …………………………………… 63	がん………………………… 13,34,35,80	腎臓…………………………………… 20
HBV → B型肝炎ウイルス	感染……………………… 39,40,55,80,81,82	心電図………………………………… 19
HIV（ヒト免疫不全ウイルス）… 81,82	肝臓…………………………… 29,30,48	睡眠…………………………………… 9
HPV（ヒトパピローマウイルス）… 80	陥入爪………………………………… 48	ストレス………………… 11,66,83,84,88,90
LGBT ……………………………… 77	カンピロバクター…………………… 40	ストレッサー………………………… 83
OD（Orthostatic Dysregulation）… 25	気管支ぜんそく……………………… 57	ストレッチ……………………… 23,51
O111（腸管出血性大腸菌） …… 40	基礎体温……………………………… 75	スプーンネイル→さじ状爪
O157（腸管出血性大腸菌） …… 40	喫煙者顔貌…………………………… 35	スモーカーズフェイス→喫煙者顔貌
PMS（月経前症候群） …………… 75	臼歯…………………………………… 61	生活習慣病………………… 11,12,13
PPD（パラフェニレンジアミン）… 46	急性アルコール中毒 ………………… 31	精子……………………… 72,73,78,79
STD（性感染症） ………………… 80	胸部X線撮影 ………………………… 19	精巣……………………………… 72,73
119番通報 ………………………… 59	起立性調節障害→ OD	成長ホルモン………………………… 9
5大栄養素 ………………………… 68	金属アレルギー……………………… 47	精通…………………………………… 73
8020運動 ………………………… 67	近視…………………………………… 53	性反応………………………………… 76
	クラミジア・トラコマティス……… 80	性欲…………………………………… 76
あ	車いす用体重計……………………… 16	清涼飲料……………………………… 69
アイライン…………………………… 45	ゲイ…………………………………… 77	脊柱側わん症………………………… 19
亜鉛…………………………………… 65	血圧…………………………………… 25	セクハラ……………………………… 32
アセトアルデヒド……………… 29,30	結膜…………………………… 50,55,56	切歯…………………………………… 61
アデノウイルス……………………… 55	月経…………………… 12,27,73,74,75,78,79	摂食障害……………………………… 85
アトピー性皮膚炎…………………… 57	結核…………………………………… 19	セメント質…………………………… 60
アナフィラキシー………………… 58,59	犬歯…………………………………… 61	セレウス菌…………………………… 40
アメーバ……………………………… 55	幻聴…………………………………… 85	ぜんそく→気管支ぜんそく
依存症……………………… 30,32,37	光感受性発作………………………… 52	象牙質…………………………… 60,62
イッキ飲み…………………………… 33	口臭……………………………… 35,65	そしゃく………………………… 66,67
咽頭結膜熱…………………………… 55	後天性免疫不全症候群→ AIDS	ソラニン……………………………… 41
ウエルシュ菌………………………… 40	口内炎………………………………… 65	
うつ病………………………………… 85	骨芽細胞……………………………… 11	**た**
うんち（便） ………………… 10,70,71	コレステロール……………………… 13	タール………………………………… 34
運動……………………… 12,35,75,84	コンタクトレンズ………… 21,49,54,55	ダイエット…………………… 27,49,69
永久歯………………………………… 61	コンドーム……………………… 79,81	体温……………………………… 24,26
エイズ→ AIDS		胎芽…………………………………… 78
栄養ドリンク………………………… 33	**さ**	胎児…………………………… 32,78,79
エナメル質………………… 60,61,62,63	再石灰化……………………………… 66	胎盤…………………………………… 78
エピペン………………………… 58,59	さじ状爪……………………………… 48	唾液……………………… 63,66,70,71
エルシニア…………………………… 40	サルモネラ…………………………… 40	タトゥー……………………………… 46
遠視…………………………………… 53	次亜塩素酸ナトリウム水溶液……… 43	腟外射精……………………………… 79
円柱レンズ…………………………… 53	紫外線…………………………… 46,52	着床……………………………… 78,79
黄色ブドウ球菌………………… 40,55	子宮頸管炎…………………………… 94	（人工妊娠）中絶 …………………… 79
黄体…………………………… 74,75	子宮内膜………………… 74,75,78,79	腸管出血性大腸菌→ O157、O111
凹レンズ……………………………… 53	歯垢…………………………… 61,62,63,64	腸炎ビブリオ………………………… 40
オージオメータ……………………… 18	歯周病（炎） ………… 13,18,61,62,65	腸内細菌……………………………… 71
親知らず……………………………… 61	姿勢…………………………………… 27	つけ爪………………………………… 48
	歯槽骨…………………………… 60,62	つけまつげ…………………………… 45
か	歯肉炎…………………………… 61,62,65	デートDV …………………………… 76
開張足………………………………… 49	社交不安症…………………………… 85	鉄欠乏性貧血…………………… 27,48
外反母趾……………………………… 49	斜視…………………………………… 54	デンタルフロス……………………… 64
化学物質………………………… 39,41,46	射精……………………… 73,76,78,79	統合失調症…………………………… 85
過換気症候群………………………… 84	絨毛…………………………………… 71	糖尿病…………………………… 13,71

94

動脈硬化……………………… 12,13	避妊………………………………… 79	マニキュア……………………… 48
凸レンズ………………………… 53	肥満………………………………11,12	慢性閉塞性肺疾患→COPD
ドライアイ…………………… 45,55	肥満度判定曲線………………… 14	満腹中枢………………………… 66
トランスジェンダー…………… 77	（低用量）ピル………………… 79	味覚障害………………………… 65
な	貧血→鉄欠乏性貧血	ミュータンス菌……………… 61,63
内臓脂肪………………………… 12	ファストフード………………… 69	味らい…………………………… 66
ナプキン………………………… 74	プール熱→咽頭結膜熱	むし歯………………… 13,61,62,63,66
ニコチン…………………… 34,37,38	深爪……………………………… 48	むし歯菌→ミュータンス菌
二次性徴……………………… 30,72	複視……………………………… 54	メール………………………… 9,88
妊娠………………… 32,37,78,79,82	腹式呼吸…………………… 57,84,89	めがね…………………… 21,54,55,87
ネット（インターネット）…… 9,77	副流煙…………………………… 35	目薬……………………………… 55
脳卒中…………………………… 13	二重（ふたえ）化粧品………… 45	妄想……………………………… 85
ノロウイルス………………… 41,43	フッ化物………………………… 63	ものもらい→麦粒腫
は	不妊（症）…………………… 47,79,80	**や**
バイセクシャル………………… 77	プラーク→歯垢	溶血性尿毒症症候群…………… 40
梅毒……………………………… 80	ヘアーエクステンション……… 46	
梅毒トレポネーマ……………… 80	ペーパーバック法……………… 84	**ら**
排卵………………… 73,74,75,78,79	ペットボトル症候群…………… 69	卵管………………………… 73,74
歯ぎしり………………………… 65	ペニス………………………… 73,79	卵子……………………… 72,73,74
麦粒腫…………………………… 55	便→うんち	乱視……………………………… 53
破骨細胞………………………… 11	ぼうこう……………………… 20,73	卵巣……………………… 72,73,74,78,79
バチ状爪………………………… 48	母子感染……………………… 80,82	ラテックス……………………… 59
パッチテスト…………………… 47	ボツリヌス菌…………………… 40	卵胞……………………… 73,74,75
歯並び…………………………… 65	ホルモン……… 9,12,30,72,74,75,79	リフレーミング………………… 87
パラフェニレンジアミン→PPD	**ま**	流行性角結膜炎………………… 55
はやり目→流行性角結膜炎	マイボーム腺………………… 45,51	リラクセーション……………… 89
ハンマートゥ…………………… 49	巻き爪…………………………… 48	淋菌……………………………… 80
ヒトパピローマウイルス→HPV	マスカラ………………………… 45	レズビアン……………………… 77
ヒト免疫不全ウイルス→HIV	マスク…………………………… 57	レッドリボン…………………… 81
	まつげエクステンション……… 45	

＜参考文献＞

中学・高校保健ニュース
「おしゃれ障害」岡村理栄子編著
「学校現場の食物アレルギー対応マニュアル」小俣貴嗣・井上千津子監著
「元気のしるし　朝うんち」辨野義巳・加藤篤共著
「新・アルコールの害」樋口進編著
「思春期の月経」堀口雅子監著　板津寿美恵・江角二三子・鈴木幸子著
「生徒と保護者のための　子どもアレルギー百科」向山徳子著
「タバコは全身病　卒煙編」中村正和監修
「保健教材イラストブック　小学校編」
「保健指導大百科」
「学童用　肥満度判定曲線　便箋型記入用紙」
以上少年写真新聞社刊

「よくわかるアサーション　自分の気持ちの伝え方」平木 典子著　主婦の友社
「SEX&ourBODY 10代の性とからだの常識」河野美代子著　NHK出版
「児童生徒の健康診断マニュアル（改訂版）」公益財団法人 日本学校保健会

鎌塚　優子（かまづか　ゆうこ）

博士（教育学）
静岡大学教育学部 准教授（2013年9月〜現在に至る）
岐阜聖徳学園大学短期大学部 准教授（2010年10月〜2013年9月）
東京学芸大学 非常勤講師（2010年10月〜2013年3月）
上智大学 非常勤講師（2012年〜現在に至る）

東京学芸大学大学院連合学校教育学科研究科博士課程修了
2010年まで養護教諭として公立小・中学校に勤務
静岡県養護教諭研究会会長（2010年〜2012年）

〈研究課題〉
養護教諭の専門性、独自性を生かした保健指導の技法、子どもの心の問題等へのアセスメントツール開発、発達障がい児への保健教育、発達障がい児を取り巻く家族支援及び学校・地域へのコンサルテーション

〈所属学会〉
日本養護教諭教育学会、日本健康相談活動学会、日本学校保健学会、日本健康教育学会、日本健康心理学会、日本教師教育学会

〈分担執筆文献〉
「教師のためのケースメソッド教育」少年写真新聞社　2011年
「対人援助専門職のための発達障害者支援ハンドブック」金剛出版　2012年
「養護教諭が行う健康相談・健康相談活動の理論と実際」ぎょうせい　2013年　ほか

鈴木マリー（すずき　まりー）

イラストレーター。どこか懐かしい、温もりを感じるタッチのイラストが得意。
イラストを使ったグッズやカット集等で活躍。
2008〜2009年に少年写真新聞社「SeDoc」カットイラストを担当。
オフィシャルfacebook　http://facebook.com/mary.manoma

保健イラストブック 中学・高校編 モノクロ&カラー・文例付き

2015年1月14日　初版第1刷発行
監　修　鎌塚 優子
発行人　松本 恒
発行所　株式会社 少年写真新聞社
　　　　〒102-8232　東京都千代田区九段南4 7-16 市ヶ谷KTビルI
　　　　Tel（03）3264-2624　Fax（03）5276-7785
　　　　http://www.schoolpress.co.jp
印刷所　大日本印刷株式会社
ⒸShonen Shashin Shimbunsha 2015 Printed in Japan
ISBN 978-4-87981-511-8　C3037

本書を無断で複写・複製・転載・デジタルデータ化することを禁じます。
乱丁・落丁本はお取り替えいたします。定価はカバーに表示してあります。

スタッフ　編集：岩渕綾子　DTP：金子恵美　校正：石井理抄子／編集長：東由香